목적바라기

목적바라기

방황하는 어른을 위한 삶의 의미

초판 1쇄   2022년 5월 6일

지은이 존 콜먼
옮긴이 정지현
발행인 최홍석

발행처 (주)프리렉
출판신고 2000년 3월 7일   제 13-634호
주소 경기도 부천시 길주로 77번길 19 세진프라자 201호
전화 032-326-7282(代) **팩스** 032-326-5866
URL www.freelec.co.kr

편　집 박영주
표지디자인 황인욱
본문디자인 박경욱

ISBN 978-89-6540-332-6

일러두기

* 본서에 소개된 활동들을 편하게 직접 해 볼 수 있도록, 부록에 별도로 활동지 모음을 마련해 두었다. 복사해서 활용하거나, 프리렉 홈페이지 자료실(freelec.co.kr/datacenter/)의 [도서자료]에서 부록 PDF를 내려 받아 출력해서 사용하면 된다.

* [행복 만나보기] 코너에 포함된 QR코드는 원서에는 없는 것으로, 한국인 독자들이 인물들의 삶을 더 잘 느낄 수 있도록 추가한 것이다. QR코드는 기사, 사진 갤러리, VR투어, 동영상 등으로 링크된다. 데이터 비용과 무관한 환경에서 이용하는 것을 권장한다.

* 되도록 영어를 몰라도 괜찮은 자료를 찾아 수록했으나, 정보가 부족하여 부득이하게 영문 인터뷰나 영어 동영상을 수록한 부분이 있다. 다만 이런 경우에도 크롬 브라우저의 '구글 번역'이나, 유튜브의 '자막 자동 생성' 및 '자동 번역' 기능을 이용할 수 있는 것들로 선별하였으니, 독자의 너른 양해를 바란다.

* 외국 인명과 지명, 회사명 등은 외래어표기법을 따르되, 널리 쓰이는 관용 표기가 있는 경우 편의를 위해 이를 따랐다.

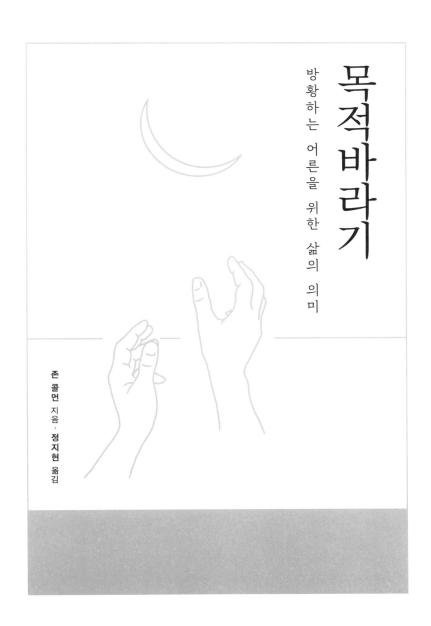

목적바라기

방황하는 어른을 위한 삶의 의미

존 콜먼 지음 · 정지현 옮김

프리렉

커티스 젠킨스_{Curtis Jenkins}는 놀라운 사람이다. 2019년 5월 24일 CBS 〈이브닝 뉴스〉는 미국에서 가장 목적의식이 강한 사람임이 틀림없을, 댈러스에 사는 스쿨버스 운전사의 이야기를 짧게 소개했다. 나는 조지아주 공립학교 이사회에 2년간 몸담았던 사람이라, 스쿨버스 운전이 엄청나게 중요한 일이면서도 얼마나 고역이고 인정받지 못하는 직업인지 잘 알고 있다. 하지만 커티스는 넘치는 에너지와 낙관주의, 뛰어난 기술, 관심으로 일에 접근한다.

방송에서는 커티스가 단순히 스쿨버스를 운전하는 것이 아니라, '노란 버스 유토피아'를 만든다고 표현했다. 그는 학생들에게 경찰이나 행정 보조 같은 의무를 나눠 줌으로써 스쿨버스에서 보내는 시간을 공동체의 경험으로 바꾼다. 물론 그가 맡은 일은 단순히 정류장에서 아이들을 태워 레이크 하이랜드 초등학교에 내려 주고, 오후에 다시 안전하게 귀가시켜 주는 것이다. 하지만 커티스는 자신의 일에 그보다 훨씬 더 큰 의미를 부여했다.

"저 아이들은 내 아이들입니다." 그가 방송에서 말한다. "내 공동체지요. 난 아이들을 사랑합니다."

그의 놀라운 점은 창의력 말고 또 있다. 바로 일에서 깊은 즐거움을 느낀다는 것(눈동자는 반짝이고, 얼굴 가득한 미소는 다른 사람들까지 웃게 한다), 그리고 아이들에게 특별한 관심을 쏟는다는 것이다. 아이들의 말만 들어 봐도 알 수 있다.

"커티스 아저씨는 우릴 진심으로 생각해 줘요."

"최고로 친절해요."

"도움이 필요하면 언제나 도와줘요."

"저런 아빠가 있으면 좋겠어요."

제작진은 말한다. "우리는 어떤 직업이 다른 직업보다 더 중요하다고 생각하는 실수를 저지릅니다. 하지만 커티스 젠킨스는 스스로 자기 일을 '중요하게 만들었습니다.'"

그에게는 평범한 것을 가다듬어 특별하게 만드는 능력이 있다.

커티스의 행복 만나보기

CBS 이브닝 뉴스가 보도한 커티스의 삶

목적이 있는 삶

당신은 커티스 젠킨스처럼 자신이 어딘가에 꼭 필요하고, 주도적인 사람이라고 느끼는가?

그처럼 일에 대한 호기심과 열정이 있고, 모든 일을 탁월하게 해내려고 노력하는가?

매일 중요한 의미와 목적의식을 안고 살아가는가?

나는 지난 25년 동안 다양한 조직 및 개인과 일했다. 애플비 레스토랑의 웨이터, 아웃도어 스포츠와 피트니스 센터 체인점 직원부터 시작해, 작문 과외 교사, 싱크탱크 인턴, 에너지 상품 거래인, 경영 컨설턴트를 거쳤다. 비영리 단체와 정부 기관, 크고 작은 기업의 내부를 엿볼 기회도 있었다. 의사, NGO 설립자, 창업 기업가, 교사, 투자 은행가, 성직자 등 거의 전 직종의 사람들과 일하거나 함께 학교에 다녔다.

이 모든 경험은 '우리가 삶에서 얼마나 큰 목적과 의미를 느끼는가'는, 무슨 일을 하는지와 거의 상관이 없다는 사실을 가르쳐 주었다. 나는 진심 어린 관심으로 학생들을 가르치고 교육을 통해 평등한 삶의 기회를 제공하는 것을 사명이라고 느끼는 선생님들을 만났지만, 한편으론 절망과 고립감을 느끼는 교사들도 만났다. 엄청난 성공을 거둔 부자인데도 살아야 할 이유를 가지지 못한 남녀도 보았다. 그런가 하면 기쁨 가득한 태도로 순식간에 내 하루까지 기분 좋게 바꿔 준 패스트푸드점 직원도 있었다. 세상을 바꾸는 일을 하는 NGO 관계자가 의욕 없이 분노로 가득한 경우도 보았고, 영리를 추구하는 대기업에서 일하지만 진취적이고 이타적인 사람들도 보았다.

당신도 분명 이런 경험이 있을 것이다.

이런 모순들을 보니 우리가 삶의 목적에 관한 잘못된 가정을 안고 살아가는 게 아닐까, 하는 생각이 들었다. 의미와 목적이 있는 삶을 만들려면 반드시 이 잘못된 가정을 바로잡아야 한다. 삶의 목적은 무지개 끝자락에 놓인 황금 항아리가 아니며, 일단 찾기만 하면 삶에 의미가 생기는 신비로운 무엇도 아니다. 목적은 그보다 훨씬 간단한 동시에 훨씬 더 복잡하다.

10년 전 나는 다음 세대를 위한 리더십을 다루는《열정과 목적^{Passion} ^{and Purpose}》이라는 책을 펴냈다. 대대적인 금융 위기가 터진 직후에 나온 그 책은, 통계 자료와 개인들의 경험담을 통해 향후 수십 년 동안 리더십에 영향을 끼칠 핵심 주제를 탐구하고자 한 것이었다. 그런데 공동 저자들과 내가 그 주제를 다루면서 반복적으로 마주친 것은 목적과 중요성에 대한 사람들의 갈망이었다. 개인의 커리어 추구 전반에서, 목적 있는 삶에 대한 욕구가 그 무엇보다 강력하게 작용하고 있었다.

누구나 삶의 목적이 필요하다. '좋은' 삶 혹은 번영하는 삶에 목적이 필수라는 것은, 연구 결과와 기본상식에서 모두 증명된 바이다. 하지만 우리 중 다수는 각자의 삶, 특히 일에 있어서 목적의 부재를 절감하고 있다.

꼭 그렇게 살 필요는 없다. 목적은 어느 날 문득 주어지는 마법이 아니다. 목적은 우리가 의식적으로 추구하고 만드는 것이다. 올바른 방식으로 접근한다면, 세상 거의 모든 직업과 모든 사람의 인생에 의미가 깃들 수 있다.

개인의 목표 구축하기

당신은 지금 어떤가? 정확히 무엇인지는 모르겠지만 일이나 삶에 뭔가 빠진 것 같은 느낌인가? 그럭저럭 괜찮은 삶이지만, 딱히 중요성이나 깊은 의미는 없다고 느껴질 수도 있다. 합리적이거나 꼭 필요한 역할을 맡고 있음에도, 그 역할이 의미를 주거나 동기를 부여하지 못하는 것이다. 또는 한때 강한 삶의 목적을 가졌지만 주택담보 대출, 각종 청구서, 점점 커지는 책임감으로 얼룩진 평범한 성인의 삶에 허우적거리느라 잃어버렸을 수도 있다. 어쩌면 의료, 교육, 비영리 재단 등 강한 목적의식을 준다고 믿는 분야에서 일하지만, 수년간 이어진 단조로움과 실망감 때문에 지금은 의미를 찾느라 매일매일 고군분투하고 있을지도 모른다. 아니면 사회에 첫발을 내디디기 전에 추구할 가치가 있는 길을 찾고 싶을 수도 있다.

그렇다면 이 책은 당신을 위한 것이다. 《열정과 목적》을 쓴 뒤 10년 동안 목적이라는 주제에 대해 생각할 기회가 정말 많았다. 강연할 때마다 삶의 목적에 관한 질문이 쏟아졌다. 내가 쓴 기사의 댓글에서도 언급되었고, 친구들이 물어오기도 했다. 나 자신도 삶과 일에서 목적을 찾으려 애썼으며, 내가 선택한 진로에 아무런 의미도 없고, 인생을 허비한 것만 같은 기분과 싸워야 했다.

그리고 나는 기나긴 성찰과 분투를 통해 확신하게 되었다. 우리 사회에 닥친 의미의 위기는, '목적'의 현시대 개념이 파괴적인 데서 기인했다고 말이다. '목적'이라는 단어와 그것을 '찾는' 방법, 목적이 삶에서 수행하는 역할에 대한 우리의 인식 자체가 잘못되었다. 이 일련의 신화로부터 잘못된 근거와 고정관념을 찾아내, 제대로 이해하고 교정해야 한다. 그럼으로써 우리는 각자의 삶에서 다양한 의미의 원천을 드러내고, 짓고, 다듬어 나갈 수 있다.

꼭 직장을 그만둘 필요는 없다(그런 선택을 할 수도 있겠지만). 인생을 파격적으로 바꾸지 않아도 된다(필요하다면 가능하지만). 하지만 살고 일하는 방식이나 지금 하는 모든 일에서 의미를 찾는 방법에 대한 생각은 반드시 바꾸어야 한다.

살면서 마주치는 가장 생동하는 사람들, 커티스 같은 이들이 우리에게 영감을 주는 것은 우연이 아니다. 그들은 인생의 목적을 찾지 않고, 스스로 만든다. 그들의 이야기는 저절로 펼쳐지는 게 아니라 직접 써 내려가는 것이다.

인생의 목적을 찾느라 지쳤다면, 이제 찾는 것은 그만두고 이 책과 함께 직접 만들어 나가자.

이 책은 당신이 목적으로 채워진 삶과 커리어를 만들어 나가도록 돕고자 한다. 이 안에는 당신이 사회 초년생이든, 한창 커리어를 쌓는 중이든, 그 사이 어디쯤 있든 간에, 삶이나 일에 근본적인 변화를 주지 않고도 모든 일에서 의미와 목적을 만들어 갈 수 있게 할 팁과 조언이 가득하다.

이 책은 당신의 필요에 가장 잘 맞는 방법으로 활용할 수 있도록 설계되었다. 일요일 오후에 커피를 마시면서 처음부터 끝까지 읽어도 되고, 종종 시간 날 때마다 5~10분씩 필요한 부분을 읽어도 된다.

이 책은 크게 4부로 구성되었다.

> **1부: 목적을 시작하다.** 누구에게나 목적이 필요하다. 그런데 목적이 대체 무엇일까? 왜 그것이 균형 잡힌 삶에 그토록 필수적이고, 왜 그 부재가 그렇게나 많은 문제를 야기하는 것일까? 1부에서는 목적을 정의하고, 삶에 목적이 없을 때 어떤 문제가 생기는지를 개인과 사회의 차원에서 살펴본다. 그다음 현재의 삶에서 목적을 찾을 수 있는 연습법을 제시한다. 삶의 목적을 찾아가는 여정에서

유용한 출발점이 되어줄 것이다.

2부: 목적에 대해 다시 생각하다. 2부에서는 대부분의 사람이 가지고 있는 목적에 관한 세 가지 고정관념을 파헤쳐 본다. 목적은 찾는 것이고, 유일무이하며, 시간이 지나도 불변한다는 것은 잘못된 생각이다. 목적은 채굴해서 만드는 것이며, 하나가 아니라 여러 개이고, 시간에 따라 변한다는 사실을 짚어 볼 것이다. 의미의 원천을 더 잘 발견하고 개발하도록 도울 연습법도 마련해 두었다.

3부: 목적을 만들다. 3부에서는 일의 목적이라는 주제를 깊이 탐구한다. 일을 크래프팅하고, 장인 정신을 추구하고, 일을 봉사와 연결하고, 긍정적인 인간관계에 투자하도록 도와줄 것이다. 직업적 삶에 어떻게 더 풍성한 의미를 부여할지에 초점을 두고 고안된 프레임워크와 연습법을 소개한다.

4부: 조직에서의 목적. 1~3부가 주로 개인이 삶에서 목적을 만들어가는 방법에 집중하는 반면, 4부는 기업의 목적 문화가 무엇이고, 그것을 어떻게 조성해야 하는지에 초점을 맞춘다. 당신이 현재 조직의 리더이든, 단순히 리더를 꿈꾸든 간에, 직급에 상관없이 누구나 기업의 목적에 영향을 미치는 여러 가지 방법을 알게 될 것이다.

책을 읽으면서 수행할 수 있는 프레임워크와 연습법을 많이 넣어 두었다. 삶의 목적을 성찰하고, 의미를 만들어 나갈 구체적인 계획을 짜도록 도와줄 것이다. 결국, 이 책의 목표는 당신이 목적에 대한 생각을 바꿀 뿐 아니라, 보다 목적으로 충만한 삶을 사는 전략을 손에 넣도록 돕는 것이다.

차례

이 책에서 만날 사람들

'노란 버스 유토피아'의 주인, 스쿨버스 기사
커티스 젠킨스 Curtis Jenkins

부유한 트레이더보다 소외된 '뒷줄'의
증인이 되길 택한 사진작가
크리스 아네이드 Chris Arnade

교육과 학생들에 대한 깊은 애정으로
획기적인 학생 기업 프로그램을 이끈
루퍼스 매시 Rufus Massey

발명가를 꿈꿨으나 NASA 엔지니어가
되었고, 농업 스타트업을 설립했으며,
로봇공학과 공공정책을 공부하는
에진 우조-오코로 Ezinne Uzo-Okoro

멋진 록 뮤지션이자 수제 맥주 양조장
'먼데이 나이트 브루잉'의 대표
제프 헥 Jeff Heck

자기만의 방식으로 교육을 재정의해
널리 인정받은 초등교사
에릭 크라우치 Eric Crouch

다 실패할 거라 할 때 변함없이 '영혼'이 깃든 예술에
헌신한 활판 인쇄 기술자 겸 출판사 사장
루크 폰티펠 Luke Pontifell

동반자를 잃은 삶의 가장 고통스러운 순간을
딛고 달려, 봉사로써 다른 이들의 슬픔까지
끌어안은 추모 달리기 단체 웨어 블루 설립자
리사 할렛 Lisa Hallett

가난한 청년인 자신을 지지해 주었던 고마움을 잊지 않고,
지금도 만나는 모든 사람의 삶을 좀더 좋게 만들고자 애쓰는
아메리칸항공 부사장 **토머스 라잔** Thomas Rajan

조직 목표의 중요성을 일찌감치 깨우치고, 모두가
마음으로 따를 수 있는 기업 사명 수립을 가치로 삼은
노던트러스트 회장 **슌드론 토머스** Shundrawn Thomas

직원 모두와 다 함께 핵심 가치인
'상호의존 선언'을 제정하고, 목적지향
기업의 시작을 알린 홀푸드 창업자
존 매키 John Mackey

이들 외에도 다양한 사람들의 인생 이야기가 책 전반에 걸쳐 알알
이 빛나고 있다. 마음으로 읽어 보고, 목적 가득한 삶을 가꾸어 나가
기 위한 초석으로 참고해 보자.

I

목
적
바
라
기

1부

목적을
시작하다

01

. . . .

목적은 무엇이고
왜 중요한가?

행복을 위한 황금 갈피

🪶 목적이 없다면　🪶 의미의 위기

🪶 현재 삶 자가 진단

목적은 무엇인가? 간단히 말해서 목적이란 당신의 일과 삶에 의미와 중요성, 또는 영향력이나 깊이, 방향성을 부여하는 것이다. 우리 대부분이 직감적으로 알고 있는 개념이다. 그런데 목적은 왜 중요할까? 목적의 부재는 매우 파괴적이며, 목적이 있어야만 번영하는 삶을 살 수 있기 때문이다. 현재 수많은 사람이 의미 없는 삶이 초래하는, 때때로 재앙적이기까지 한 결과로 시름하고 있다.

2012년, 크리스 아네이드Chris Arnade는 뉴욕의 일류 투자은행에서 일하는 부유하고 유능한 트레이더였다. 순전히 물질적으로만 보자면 엄청나게 성공한 삶이었고, 아메리칸 드림의 전형적인 성공 사례라고 할 수 있었다. 플로리다 소도시의 중산층 부모(교수, 도서관 사서) 슬하에서 자란 크리스는, 존스 홉킨스 대학교에서 박사학위를 받고 뉴욕시의 투자은행에 취직했다. 돈과 고급 아파트, 사립학교에 다니는 아이들이 있었지만, 정작 그는 자신에게 성공을 가져다준 일과 생활에 싫증이 났다.

평소 뉴욕 시내 여기저기를 걸어 다니는 것을 좋아하던 크리스는, 어느 날 뉴욕의 가장 가난한 동네들(주로 헌츠 포인트Hunt's Point)을 사진으로 담기 시작했다. 동네 주민들과 이야기를 나누며 친분도 쌓았다. 취미로 시작한 사진에 대한 열정이 본업을 앞지르기 시작했다. 크리스는 결국 월 스트리트에 있는 은행을 그만두고 전업 작가 겸 사진작가가 되었다.

하지만 그의 투쟁은 끝나지 않았다. 술과 약물에 빠져 지낸 시기도 있었다. 뉴욕의 가장 가난한 동네에서 시작해, 이내 미국 전역으로 발을 옮겼다. 앨라배마와 오하이오, 그 사이 수십 개 주의 소외된 지역들을 방문하면서 조용한 위기에 처한 미국 지역들을 글과 사진으로 기록하기 시작했다. 그런 지역과 그곳에 사는 사람들에게 미국의 '뒷줄 back row'이라는 이름을 붙이고, 약물 남용과 노숙, 빈곤, 절망과 싸우면서도 삶의 의미와 존엄, 생존 그리고 사랑을 위해 노력하는 이들을 기록했다. 그 여정에서 만난 사람들을 담아《존엄성 Dignity》이라는 책을 펴냈다. 목적과 의미를 찾고자 애썼던 크리스 자신의 이러한 투쟁은, 미국의 '앞줄 front row'도 문제가 없지 않다는 사실을 증명한다.

크리스의 책은 현대 미국인들이 의미와 존엄성, 존중, 소속감을 찾고자 필사적이라는 사실을 다룬 첫 번째 책도 아니고 마지막 책도 아니다. 기사와 소설, 논픽션 도서, 영화에 이르기까지 그런 일화는 거의 끝이 없으며, 지금이 행복과 의미, 중요성, 소속감, 목적을 찾고자 고군분투하는 시대임을 한목소리로 증언하고 있다. 그보다 덜 극적이고 저마다 개인적인 특징을 띨 뿐, 거의 모든 사람이 일상에서 비슷한 이야기를 경험하거나 목격한다.

- 생활은 윤택하지만, 주 40시간 동안 일하는 직업이 꿈꿔 온 천직은 아니라는 사실을 잘 아는 회계사
- 누군가의 삶을 바꿔 주고 싶어서 이 직업을 선택했지만, 교착 상태에 빠져 회의적으로 변하고 만 교사
- 부와 성공을 손에 넣었지만, 마음은 공허한 CEO
- 일로 명성은 얻었으되, 세상의 변화에 이바지한다는 생각은 들지 않는 언론인
- 매일 교대 근무 시간에 맞닥뜨리는 사회적 문제들이 버거운 경찰
- 매일 아이들 뒤치다꺼리를 하느라 지쳐서 양육의 기쁨을 잃어버린 전업주부

겉으로 잘 사는 것처럼 보이는 사람들도 매일 번아웃에 시달리고, 일과 삶에서 의미를 찾지 못해 방황한다. 이런 현실은 어떤 사람에게는 그저 썩 괜찮은 삶을 더 좋은 삶으로 끌어올려야 하는 문제에 불과하다. 그러나 또 어떤 사람에게는 한시라도 빨리 해결하지 않으면 안 되는 위기 상황이다. 그나마 다행스러운 것은, 의미의 위기에 놓인 사람이 당신 혼자만은 아니라는 것이다.

의미의 위기

. . . .

코로나19의 세계적인 대유행이 사람들의 일상을 뒤집어 놓기 전, 우리는 인류 역사상 가장 번영한 시대에 살고 있었지만 행복이나 충만감은 더 커지지 않았다. 왜 그랬을까? 번영과 목적의 단절을 보여주는 증거가 점점 더 늘어나고 있다.

직업에 만족하지 못하는 사람이 믿을 수 없을 정도로 많다. 최근 '좋은 직업'을 정확하게 정의하고, 얼마나 많은 미국인이 좋은 직업을 가졌는지 알아보는 연구가 시행되었다. 설문조사 결과 '좋은 직업'을 이루는 가장 대표적인 요소 세 가지는 매일의 즐거운 일, 예측 가능한 급여 그리고 목적의식이었다. 하지만 이 요소들이 충족되었다고 느끼는 사람은 직장인의 40%뿐인 것으로 나타났다.[1] 미국인의 정신 건강을 지키는 커뮤니티 기반의 비영리 단체 멘탈 헬스 아메리카 Mental Health America가 최근 발표한 직장인 대상 설문조사에서는, 응답자의 81%가 업무 스트레스가 가정 문제의 원인이라고 느끼며, 63%는 업무 스트레스가 건강에 좋지 않은 행동을 하게 만든다고 대답했다. 평소 회사나 상사를 험담한다는 사람은 71%였고, 매주 이직을 고려하거나 실제로 새 직장을 찾으려고 한다는 사람 역시 71%였다.[2] 또한 최근 갤럽 조사에 따르면 업무에 '몰입'한다는 직장인이 사상 최고 수준으로 나타났는데도, 그 수치는 미국 34%, 세계 15%에 불과했다고 한다.[3] 이

전 조사에서는 직장인의 27%만이 회사의 가치관을 믿는 것으로 나타났다.[4]

직장 밖에서의 상황은 점점 더 암울해지고 있다. 과도한 스트레스에 시달리고, 행복하지 않은 사람들이 너무 많다. 예를 들어, 행복의 세 가지 기준을 분석하는 유엔의 〈세계 행복 보고서The World Happiness Report〉를 보면, 세 가지 전부가 거의 최저치를 기록하고 있다.[5] 〈2019 미국 일반 사회 조사U.S. General Social Survey〉는 2007년 경제 위기 이후 사람들이 느끼는 불행이 1970년대 이후 그 어느 때보다 높다고 발표했다.[6] 그런가 하면 〈2019 갤럽 글로벌 감정 보고서Gallup Global Emotions Report〉에서는 세계인들의 스트레스와 걱정, 화가 몇 년간 매우 높은 수준으로 나타나고 있다.[7]

분노와 스트레스가 증가하는 동시에 외로움도 커지고 있다. 지난 2000년, 하버드 대학교의 로버트 퍼트넘Robert Putnam 교수가 저서 《나 홀로 볼링Bowling Alone》에서 미국인들 사이에 광범위하게 퍼진 고립과 외로움(사회적 자본)을 처음 조명한 바 있었다. 그리고 좀더 최근에 이루어진 사회적 연결과 외로움에 관한 조사들은, 그동안 상황이 전혀 개선되지 않았음을 알려 준다. 한 예로 2016년에 시행된 설문조사에 따르면 미국인의 72%가 외로움을 느끼며, 그중 매주 외로움을 느끼는 비율은 3분의 1에 달한다.[8] 건강 관리 및 보험 서비스 기업 시그나Cigna가 2018년에 시행한 설문조사의 결과도 비슷하다. 미국인의 거의 절반이 외로움을 느끼고, 54%는 자신을 이해하는 사람이 아무도 없다고 생각한다. 이런 현상은 미국의 젊은 세대일수록 심하다.[9] 캐나다를 비롯한 다른 국가에서도 비슷한 결과가 보고되었다. 특히 영국에서는 국민의 '외로움 문제를 담당하는 장관minister for loneliness'을 임명하기에 이르렀다.[10] 이런 통계 자료를 접한 많은 국가에서, 외로움 문제를 공중 보건 위기로 심각하게 받아들이고 있다.

코로나19의 세계적인 유행과 최근의 다른 위기들이 근본적인 변화를 가져다줄지는 더 지켜보아야 할 것이다. 코로나로 인한 사회경제적인 여파는 유례없는 대재앙을 초래했다. 수천만이 병에 걸리고 개중 수백만이 목숨을 잃었다. 수억 명이 극심한 경제적 어려움에 빠졌으며 수십억 명이 말로 표현할 수 없는 심리적인 충격을 겪었다. 코로나의 규모와 영향력으로 볼 때 분명히 상황은 훨씬 나빠질 수 있다. 그런데 이는 아이러니하게도 대재앙의 한가운데에 비치는 한 줄기 빛처럼, 정말로 중요한 게 무엇인지 다시 생각해 보는 계기가 될 수도 있다. 실제로 어떻게 될지는 두고 봐야 할 것이다. 물론 전 세계인의 삶에 실로 부정적인 영향을 미치는 인종 차별, 불평등, 전쟁, 빈곤 같은 문제도 반드시 해결되어야만 한다.

하지만 크리스의 이야기와 앞의 통계들이 말해 주듯, 세상이 풍요롭고 안전해진다고 해서, 꼭 우리가 더 행복해지고 충만해지지는 않는다는 사실만큼은 확실하다. 어떤 면에서 그 사회 차원의 데이터는, "행복의 이상적인 소득 범위는 65,000~105,000달러(미국의 경우이고 국가마다 다름)이고, 그보다 높거나 낮으면 행복도가 떨어진다"라는 최근의 다양한 연구를 반영하는 것이다.[11] 이 수치가 약간 틀릴 수도 있지만, 우리 중 거의 모두가 "행복은 돈으로 살 수 없다"란 옛말을 믿는다. 이 자료는 물질적인 성공 바깥, 우리가 의미를 찾는 분야에 뭔가 문제가 있음을 나타낸다.

미국 같은 내로라하는 선진국에서도, 사람들의 삶을 공허하게 만드는 무엇인가가 사회적이고 정서적인 차원에서 벌어지고 있다. 이 위기는 단순한 물질적인 상황이 아니라 의미, 소속감, 신뢰, 중요성의 위기인 듯하다. 우리는 무엇이든 가질 수 있는데도 여전히 다른 것을 원한다.

반면에, 어떤 사람들은 아주 사소한 것에서 시작해 대단히 풍요로운 삶을 일구어 낸다. 그들의 비밀은 무엇일까?

당신은 지금 어디에 있는가?

삶의 목적이라는 주제를 다룰 때 꼭 기억해야 할 것은, 사람마다 의미에 대한 관점이 다르다는 사실이다. '삶의 목적을 만드는 과정에서 어느 지점에 놓여 있는가'는 개인의 상황과 주변 환경에 따라 다를 수밖에 없다.

지금 어느 지점에 놓여 있는지 한번 생각해 보자. 현재 삶과 그 의미에 대한 당신의 생각은, 앞으로 이 책에서 해 나갈 작업의 확고한 토대가 되어줄 것이다. 현재 내가 삶의 목적을 어떻게 다루고 있는지 진단해 보는 시간이라고 생각하자.

① 삶의 목적이 확실하다고 느꼈던 적이 있는가?

② 삶이 가장 의미 있게 느껴졌던 적은 언제이고, 그 이유는 무엇이었는가?

③ 지금은 어떻게 느끼고 그 이유는 무엇인가?

④ 다음의 항목에서 각각 얼마나 많은 목적의식을 느끼며, 그 이유는 무엇인지 1~10(숫자가 클수록 목적의식이 강함) 척도로 평가해 본다. '8' 이하가 하나라도 있다면, 그 분야에 삶의 의미를 키울 기회가 들어 있다는 뜻이다.

  • 일
  • 일과 관련된 인간관계
  • 개인적인 인간관계
  • 타인에 대한 봉사

⑤ 올해 큰 의미를 느끼게 한 일이 있었는가? 의미를 빼앗아 가버린 일은?

⑥ 왜 이 책을 읽고 있는가? 이 책에서 무엇을 얻기를 바라는가? 진지하게 두세 문단으로 적어 두고, 책을 읽으면서 종종 다시 확인해 보자. 앞으로 여러 가지 연습법을 수행하는 동안 어떤 부분에 좀더 집중해야 하는지 알 수 있을 것이다.

02

. . . .

나의 출발선은
어디일까?

루퍼스 매시^{Rufus Massey}는 룩아웃산의 경계에 면한 조지아주의 치카마우가^{Chickamauga}에서 태어났다. 아버지가 손수 나무판자로 지은 엉성한 방 두 개짜리 오두막집에서 자랐다. 전화도 없고 학교 가는 길은 멀고 험난했지만, 그래도 결석하지 않고 열심히 나갔다. 루퍼스는 말했다. "원래 힘든 상황에 놓인 당사자는 그게 힘든 상황이란 걸 잘 몰라요. 그냥 주어진 상황에 최선을 다할 뿐이죠."

가족과 함께 애틀랜타의 할머니 댁을 방문하러 갈 때면 항상 베리 대학교^{Berry College}를 지나쳤다. 자연 속에 고풍스러운 고딕 건물들이 들어선 아름다운 캠퍼스였다. 루퍼스는 언젠가 꼭 그 대학교에 들어가리라 마음먹었다. 당시 그는 몰랐지만, 베리 대학교는 20세기의 훌륭한 여성 마사 베리^{Martha Berry}가 그 같은 가난한 산골 학생들을 위해 1902년에 세운 학교였다. 루퍼스는 다짐한 대로 베리 대학교에 들어갔고, 그곳에서 아내를 만났으며, 4년 동안 열심히 학업에 매진했다. 졸업한 뒤에는 일 년간 고등학교에서 생물 교사와 레슬링 코치로 일했고, 곧 모교로 돌아와 학생 업무와 학생 활동을 담당하는 교직원으로 일하게 되었다.

루퍼스의 행복 만나보기

#1   어린 루퍼스가 반했던 베리 대학교 캠퍼스

(처음 나오는 정보 입력창은 우상단 [X]를 눌러 닫아 주세요)

10년이 흐르고, 루퍼스는 애틀랜타의 통신기업 벨사우스^{BellSouth}로

이직했다. 새로운 분야를 접할 수 있는 기회를 잡은 것이다. 하지만 16년 뒤에는 다시 베리 대학교로 돌아갔다. 과거 산골 소년을 세상으로 나가게 했던 교육에의 열망은, 여전히 대학교로 그를 다시 끌어당길 만큼 강력했다. 루퍼스는 이야기한다. "새로운 것을 배울 때 환해지는 사람들의 표정을 보는 게 좋습니다. 교육자라면 누구나 다 그럴 겁니다. 다음 세대가 앞으로 나아갈 기반으로 삼을 수 있도록, 자신이 아는 걸 다 전해 주고 싶은 게 우리의 마음이죠."

베리 대학교로 돌아간 루퍼스는 학생 개발과 졸업생 관련 업무를 맡았다. 그러던 중 그는 스티브 브릭스^{Steve Briggs} 총장이 계획하고 있던 새로운 프로그램, '학생 기업^{Student Enterprises}'에 발탁되었다. 그 대학교의 탄탄한 학생 노동 프로그램은 설립자 마사 베리가 남긴 유산이었다. 이미 재학생 대부분이 캠퍼스에서 아르바이트로 일하고 있었다.

하지만 스티브와 루퍼스는 아르바이트를 진짜 사업으로 바꾸는 새로운 아이디어를 떠올렸다. 학생들이 단순히 고용인이 아니라, 고용주와 리더가 되어 전적으로 사업을 맡아 이끌어 가도록 하자는 것이었다. 루퍼스는 그 아이디어가 정말로 마음에 들었다. "제 목적으로 돌아가는 일이기도 합니다. 제 인생의 목적이 리더를 양성하는 것이거든요."

루퍼스가 이끄는 프로그램을 거쳐 간 학생은 무려 천 명에 육박한다. 그중 몇몇의 이야기를 들려주는 동안, 그의 눈은 학생들이 이룬 것들에 대한 자부심으로 글썽였다. 루퍼스는 100년 역사를 지닌 프로그램을 좀 더 의미 있는 것으로 바꾸어 낸 것이다.

루퍼스 매시는 적어도 세 가지의 별개 커리어를 거쳤다. 그는 수백 명에게 멘토가 되어 주었고, 자랑스러운 가족도 꾸렸다. 이발소 사중 창단과 전국대회에 나가는 아카펠라 팀에서 노래하며, 아내와 취미로 테니스도 친다. 그리고 지금도 가끔 어린 시절을 보낸 룩아웃산의 오두막집을 찾아 장작을 패고, 자신의 삶이 시작된 곳을 돌아본다.

당신이 루퍼스와 대화한다면, 그는 당신의 이야기를 주의 깊게 듣고선 미소 지을 것이다. 그는 당신에게 진정으로 관심이 있으며, 행복해 보이기까지 한다. 대다수가 의미의 위기를 겪고 있는 세상에서, 루퍼스에게는 의미가 넘쳐나는 것 같다. 1장에서 살펴본 사람들의 삶과 달리 루퍼스의 삶은 균형이 잘 잡힌 채로 순항하는 듯하다. 어떻게 그럴 수 있는 걸까? 과연 우리에게도 가능한 일일까?

충만하고 균형 잡힌 삶의 비결

루퍼스 같은 사람들은 대부분이 놓치는 진실을 알고 있다. 문화적으로, 우리 사회는 '균형'의 개념을 잘못 이해하고 있다. 보통 사람들은 일터에서 멀리 떨어져 있는 시간을 충분히 확보하고자 '일'(우리가 직장에서 하는 모든 일)과 '삶'(직장이 아닌 곳에서 하는 모든 일)의 균형을 맞추려고 애쓴다.

물론 일에만 너무 몰두하는 사람은 가족이나 친구와 보내는 시간을 늘릴 필요가 있다. 하지만 루퍼스처럼 충만함과 의의가 가득한 인생을 보면, 그의 일과 삶의 시간이 양적인 균형에 맞춰져 있다고는 생각되지 않는다. 그런 사람들의 모든 일과 삶에서 균형을 이루는 것은, 바로 의미meaning와 기쁨joy이다.

우리는 모든 일에서 목적과 즐거움의 균형을 맞추려고 노력해야 한다. 시간 배분이 아니라 번영과 충만함이 균형의 목표가 되어야 한다. 즐거움과 행복, 성취, 의미가 매끄럽게 한데 엮여야만 삶이 균형을 이룬다. 균형 잡힌 삶은 단순히 행복한 삶이 아니라(물론 행복하기도 하지만), '좋은' 삶, 가치 있는 목적을 위해 잘 살아가는 삶이다. 우리는 삶의 균형에 대해 다음 표처럼 생각해야 한다.

	무슨 뜻일까	실제 어떤 모습일까
불행	재미도 없고 목적도 없는 일들에 뒤덮여 살아가는 상태	건강이 심각하게 나빠져서 즐겁거나 의미 있는 일을 할 수 없는 사람 일상적으로 수행하는 업무가 너무 싫고 일에서 의미를 찾지도 못하지만 마지못해 계속하는 사람
고역	목적은 있지만 개인적인 즐거움을 주지 않는 일을 하면서 살아가는 상태: 의미는 있지만 즐거움은 없는 삶	배앓이로 속절없이 울어대는 아기를 보면서 자식을 잘 돌봐야 하는 책임감을 느끼지만 힘든 현실에 지친 부모 팬데믹 시대에 의료진의 중대한 역할을 잘 알지만 심각한 신체적, 정신적 스트레스에 시달리는 응급실 의사
겉치레	즐겁지만 의미 없는 일을 하면서 살아가는 상태: 행복하지만 자신만 생각할 뿐 커다란 대의에 헌신하지 않는 삶	생을 즐기면서 살아가지만 오직 자신을 위해서만 사는 사람 일은 재미있지만 사람들과 얄팍한 관계만 맺을 뿐 의미 있는 유대감을 나누지는 못하는 사람
번영과 충만함	충분히 즐겁고 의미도 있는 목적에 헌신하면서 살아가는 상태	가족, 친구와 좋은 관계를 유지하고 일에서도 의미와 목적을 얻는 사람 세상에 도움되고 개인적인 기쁨까지 주는 여가 활동을 즐기는 사람

즐거운 일은 재미있거나 기분 좋거나 신나는 일이다. 목적이 있는 일은 의미와 깊이 또는 방향성, 한마디로 일하는 '이유'를 제공하는 일이다. 사람마다 목적에 대한 생각이 다르다. 누군가는 기술을 완벽하게 숙달하고, 사람들에게 봉사하고, 뭔가 새로운 것을 만들거나 팀

에 이바지하는 데서 목적을 느낄 것이다. 어떤 식으로 나타나든 목적은 나의 삶과 일이 중요하고, 세상에 영향력을 미친다는 생각이 들게 한다. 어떤 일은 즐겁지만 목적의식을 느끼게 하지는 않는다. 무더운 여름날에 즐기는 수영 같은 것이 그렇다. 출산이나 다이어트는 목적이 있는 일이지만, 아마 즐겁지는 않을 것이다. 충만하고 번영하는 삶을 살려면 목적과 즐거움이 모두 필요하다.

번영하는 사람은 목적과 즐거움의 균형을 맞춘다

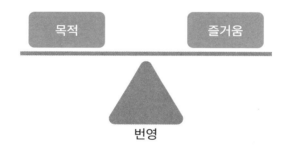

일과 사생활에서 우리가 가장 몰입하는 활동에는 목적과 즐거움이 전부 들어 있다. 예를 들어, 나는 집에서 의미 있지만 즐겁지는 않은 여러 책임을 맡고 있다. 기저귀 갈기, 산더미처럼 쌓인 빨래하기, 커튼 달기 등……. 만약 사생활이 이런 일로만 이루어져 있다면 집에 들어가기조차 싫을 것이다. 하지만 이런 일들은 재미는 없어도 내가 남편이자 아버지라는 특권을 누리기 위해 치르는 대가이고, 목적이 있기에 충만함을 느끼게 한다. 물론 재미있고 기대되는 일들도 많다. 아이들과 트램펄린에서 뛰기, 아내와 콘서트 가기, 좋은 친구들과 저녁 먹으며 토론하기처럼. 이런 일들은 목적이 있을뿐더러 즐겁기까지 하다.

우리는 직장에서도 위원회 회의나 동료와의 불편한 대화 등, 개인의 성장과 조직의 사명에 필수적인 책임을 맡고 있다. 이런 일들은 우리가 직장과 동료, 업무 목표에 헌신하기 위해 이겨내야만 하는 필요악이다. 그런가 하면 재미있는 일들도 있다. 활기 넘치는 대책 회의, 혁신, 새로운 콘셉트와 아이디어를 담은 보고서 작성하기 같은 것이다. 자신이나 타인의 이익을 위해서 꼭 해야 하는 일이기에 우리는 희생을 받아들인다. 한편으론 가끔 즐거움을 주는 일을 하면서 활력을 얻는다.

'삶의 균형이 어떤 식으로 나타나는지'를 다음과 같이 간단한 사분면 프레임워크로 살펴볼 수 있다. 적절한 균형은 번영을 가져오고, 불균형은 뭔가 빠진 듯한 공허감이 들게 한다. 각 분면에 대해 다음과 같이 생각해 볼 수 있다.

1. **고역**: 집에서나 직장에서나 의무만 있고 즐거움은 없다고 느낀 적이 있는가? 직장에서는 좋아하지도 않는 일을 하고 사면초가에 놓인 기분이다. 집에서는 가족과 친구와의 시간이나 취미 생활을 즐길 틈도 없이 잡다한 집안일을 처리하느라 바쁘다. 절대 무의미하지 않고 반드시 해야 하는 중요한 일들이지만 즐겁지는 않다. 이런 상태가 바로 고역이다. 목적은 있을 수 있지만 즐겁지도 않고 진이 빠진다.

41
•••

2. 겉치레: 반대로 의미 있거나 중요한 의무가 하나도 없는 삶을 상상해 보자. 얼핏 좋아 보일 수도 있지만 희생이나 타인의 짐을 떠맡는 일 없이 이 관심사에서 저 관심사를 오간다면 결국 공허함과 피상성만 남을 것이다. 쉽지만 얄팍하고 아무런 목적도 없는 삶이 된다. 필요한 존재라는 느낌이 없다면, 우리는 결국 마음이 허해지고 현재가 불만족스러워진다.

3. 불행: 즐거움이나 목적이 없는 삶은 최악이다. 방향성도 없고 불행하다. 무슨 일을 해도 특별한 의미가 느껴지지 않고 재미도 없다. 듣기만 해도 끔찍하지만 실제로 그렇게 느끼면서 살아가는 사람들이 많다. 가족들에게 필요한 존재가 아닌 것 같고 직장에서도 만족이나 존재 이유를 느끼지 못하는 엄마 아빠, 아무런 의미 없이 출퇴근을 반복하는 직장인이 그렇다. 원하던 성공을 이루었지만 생각과 달리 큰 공허감만 느끼는 사람도 마찬가지다. 다행스럽게도 이렇게 느끼는 사람들은 잘못 생각하고 있다. 아직 깨닫지 못했을 뿐 그들의 삶에는 목적의 잠재력이 어마어마하다. 삶에 묻혀 있는 의미를 캐내야 한다.

4. 번영과 충만함: 자신에게 헌신하는 목적(인격 함양과 자기 계발)과 타인에게 헌신하는 목적이 합쳐진 삶이 가장 좋다. 우정, 취미 생활, 커리어 계발, 가족과의 시간이 가져다주는 기쁨으로 풍요로워지는 삶이다. 이런 삶에는 번영과 충만함이 있다.

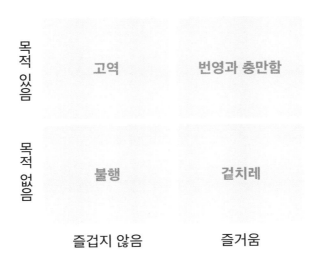

이 프레임워크는 우리가 매일 혹은 매주 하면서 살아가는 일들이 사분면의 어디에 속하는지 곰곰이 생각해 볼 수 있게 하므로 매우 유용하다. 당신이 하는 모든 일이 오른쪽 위 사분면에 해당할 수는 없다. 그것은 환상이다. 하지만 사분면의 균형이 깨져서 너무 한쪽으로 치우쳐진다면 변화가 필요하다는 뜻이다. 의미와 즐거움을 늘리기 위해 그만두거나 접근법을 바꿔야 하는 활동이 무엇인지도 알아차릴 수 있다.

지금 어떤 삶을 살고 있는가?

· ·

당신의 삶은 어느 사분면에 속하는가? 매일 또는 매주 수행하는 일 10~20가지를 사분면에 써넣어 보자. 재무 보고서 작성, 축구 경기, 위원회 회의, 저녁 준비……. 대부분 어디에 들어가는가? 변화가 필요한 부분이 있는가? 오른쪽 위 사분면 '번영'에 해당하는 삶은 어떤 모습일까? 지금 하고 있는 구조적인 사고는, 일생 동안 더 의미 있는 활동으로 나아가기 위한 연습 기반을 마련하는 데 도움이 될 것이다.

이 사분면 프레임워크의 핵심은 목적이다. 우리가 하는 모든 일이 빠짐없이 목적과 의미와 엮여 있지 않으면, 아무리 즐거운 삶이라도 번영할 수 없다. 어쩌다 즐거움이 덜한 암울한 순간을 견디기가 힘들 것이다. 그런 상황에 놓이면 개인도 사회도 잘못되기 쉽다. 분명 우리는 즐거운 삶을 원하지만, 즐거움만 추구하면 삶에 의미를 더할 기회를 놓친다. 목적은 헤아릴 수 없이 다양한 형태로 나타나며 좋은 삶에 반드시 필요하다.

안타깝게도 목적이라는 주제를 지배하는 세 가지 잘못된 고정관념 때문에, 의미를 실현하기가 더 어려워졌다. 다음 장에서 다루겠지만, 삶의 목적을 만들기 위해서는 반드시 그 고정관념을 파헤치고 바로잡아야 한다.

Ⅰ

목
적
바
라
기

2부

목적에 대해
다시 생각하다

03

. . . .

세 가지 잘못된
고정관념

목 적 바 라 기

행복을 위한 황금 갈피

🪶 목적은 캐내고 만드는 것이다

🪶 목적은 여러 개이다   🪶 목적은 변한다

"제 삶의 목적을 어떻게 찾을 수 있을까요?"

2011년 내 첫 번째 책 《열정과 목적》이 출간되고 처음 열린 행사에서 나온 첫 번째 질문이었다. 나는 하버드 대학가에 자리한 서점 쿠프 COOP에서 50~60명 정도 모인 관객에게 강연하는 중이었다. 각양각색의 군중 가운데 질문을 한 사람은 회색 맨투맨을 입은 스무 살 정도의 학부생이었다. 그때 답을 찾으려고 허둥댔던 것이 지금도 생생하다. 뭐라고 대답했는지 잘 기억나지 않지만, 그 여학생이 내 대답에 만족하지 못했으리라는 것만은 확실하다.

그녀의 질문은 내 머릿속에 계속 남았다. 그런 질문을 받은 것도 그때가 마지막은 아니었다. 그날 강연 이후 다양한 표현으로 똑같은 질문을 받았다. 그때마다 나는 애써 똑같은 질문이 아니라고 생각했다.

시간이 지나면서 그 질문에 답하기가 그토록 어려운 이유를 알게 되었다. 근본적으로 틀린 질문이기 때문이다. 이 질문에는 최소 세 가지 잘못된 고정관념이 들어 있어서, 우리를 전혀 도움이 되지 않는 길로 이끌고 일에 담긴 의미를 깨닫지 못하게 만든다. 그 여학생을 비롯해 질문을 했던 사람들을 나무라는 것이 아니다. 나 역시 목적을 똑같이 오해하고 있었다.

목적이라는 주제와 오랫동안 씨름하고 고민한 끝에, 나는 반드시 똑바로 짚고 넘어가야 하는 잘못된 고정관념을 세 가지 발견했다.

1. **목적은 찾는 것이다.** 우리는 목적이 무지개 너머에 있는 황금 항아리나 땅에 묻힌 보물 같은 것이라고 생각하는 경향이 있다. 하지만 목적은 발견하는 것이 아니라 캐내고 만드는 것이다.

2. **목적은 딱 하나뿐이다.** 그 여학생은 보통 사람들처럼 목적을 복수^{purposes}가 아닌 단수^{purpose}로 표현했다. 삶에 의미를 부여하는 단 하나의 무엇이라고 가정한 것이다. 하지만 사실 의미는 단수가 아니라 복수이며, 거의 무한하다.

3. **목적은 불변한다.** 우리는 목적이 어제도 오늘도 내일도 영원히 똑같은 '절대적인' 것이라고 믿는다. 하지만 희망적이게도 의미를 만드는 기회는 무한하며 시간의 흐름에 따라 급격하게 바뀐다.

 목적에 관한 세 가지 고정관념

고정관념	제대로 된 인식
목적은 찾는 것이다: 무지개 끝에서 기다리는 황금 항아리처럼 우연히 발견하면 된다.	**목적은 캐내고 만드는 것이다:** 제대로 접근하고 신중하게 고민해서 목적을 키운다면 그 어떤 일에도 의미가 있을 수 있다.
목적은 딱 하나뿐이다: 목적은 삶에 의미를 부여하는 단 하나의 거대한 무언가이다.	**목적은 여러 개이다:** 삶의 목적을 만드는 기회는 누구에게나 무한하게 주어지며, 모든 일에서 의미를 찾을 줄 아는 사람은 번영한다.
목적은 불변한다: 요람에서 무덤까지 삶을 정의하는 단 하나의 거대한 목적이 존재한다.	**목적은 시간이 지남에 따라 변한다:** 영원하거나 오래 지속되는 것들도 의미가 있지만, 의미를 얻는 방법은 여러 가지가 있고 인생의 다음 단계로 접어들면서 의미도 자연스럽게 변한다.

왜 이런 잘못된 고정관념이 존재할까? 대중문화가 목적과 의미에 대한 낭만적이지만 오해를 불러일으키는 개념을 만들어낸 것이 한몫

했다. 훌륭한 픽션은 '주인공의 여정'을 다루는 경우가 많다. 그것은 주인공의 삶에 의미를 부여하는 본질적인 사명을 보여준다. 그리고 우주비행사, 창업 기업가, 정치적 리더 등, 위대한 업적을 달성한 남녀의 이야기는 핵심을 강조하기 위해 단순화되는 경향이 있다. 낭만적인 부분에 초점을 맞추는 것이다. 하지만 잘못된 사실을 믿기 시작하면 점점 더 많은 거짓말을 받아들이게 되고, 삶에 대한 좌절과 불만족만 커진다.

자, 이제부터 세 가지 잘못된 고정관념을 하나씩 파헤쳐 보자.

고정관념 1: 목적은 찾는 것이다
. . . .

요즘 디즈니에서 만든 스타워즈 시리즈, <만달로리안The Mandalorian>을 재미있게 보고 있다. 이 인기 드라마의 주인공은 평생 도망자들을 쫓으며 살아온 수수께끼의 현상금 사냥꾼 만달로리안이다. 첫 번째 에피소드에서 주인공의 인생은 별로 즐겁거나 목적이 있는 것처럼 보이지 않는다.

그러다가 그는 특별히 큰 액수의 현상금이 걸린 의뢰를 받게 되는데, 알고 보니 그가 처리해야 할 대상은 아주 사랑스럽고 순수한 어린아이였다. 그는 약속대로 손에 넣은 아이를 넘긴다. 그는 알았다. 분명 아이는 감옥에 갇혀 고문이나 죽임을 당할 터였다. 결국 마음을 바꾼 그는 귀여운 아이를 도로 납치해서 스스로 도망자가 된다. 아무런 목적도 없이 폭력으로 얼룩진 삶을 살아가던 용병에게 목적이 생겨버렸다. 아이를 지켜 주는 것.

사실은 문학 작품에 꽤 자주 등장하는 공식이다. 평범한 사람이 모험에 휩쓸려 영웅으로 거듭나는 이야기는 영웅의 여정에서 매우 중요한 부분을 차지한다. 《헝거 게임》[Hunger Games]에서 캣니스 에버딘도 그런 여정에 내던져진다. 타투인 행성에서 따분한 삶을 살고 있던 루크 스카이워커나 자쿠 행성의 레이 스카이워커도 그렇다. 《반지의 제왕》의 프로도 배긴스도 평범한 삶을 살다가 거대한 악에 맞서는 임무를 맡게 된다. 주인공들은 처음에 지극히 평범하거나 심지어 실망스러운 수준의 삶을 살다가, 운명적으로 진정한 목적 또는 임무를 받게 되고 비로소 삶에 의미가 생긴다.

소셜 미디어에서 자주 보이는 마크 트웨인[Mark Twain]의 감동적인 인용문이 있다. "인생에서 가장 중요한 날이 이틀 있는데, 첫 번째는 내가 태어난 날이고 두 번째는 태어난 이유를 알게 되는 날이다." 이 말은 할리우드 버전의 목적을 훌륭하게 표현해 준다. 문제는 우리 대부분은 누가 보더라도 명백한 '모험의 부름'을 경험하지 못한다는 점이다. 삶을 의미 있게 만들어 줄 모험이 부를 때까지 계속 기다리거나 찾아 나선다면, 거의 확실하게 발견하기보다는 실망하게 될 것이다.

목적은 찾아내기만 하는 것이 아니다. 삶에서 목적을 직접 캐내고 다듬어 일과 사생활에 엮어 넣어야 한다. 모험의 부름은 내가 만드는 것이다.

고정관념 2: 목적은 딱 하나뿐이다

목적에 관한 두 번째 고정관념은 목적이 단 하나로 분명하게 표현될 수 있다는 믿음이다. 한 사람의 삶을 정의하는 단 하나의 사명이자 개인의 재능과 세상의 필요가 분명하게 만나는 교차점이라고 말이다. 마크 트웨인의 낭만적인 표현처럼 목적은 '태어난 이유'이며 그것을 찾으면 삶의 모든 부분에 의미가 부여된다고 생각하는 것이다.

물론 표면적으로 거대해 보이는 삶의 목적을 가진 사람들도 있다. 마더 테레사$^{Mother Teresa}$는 가난한 사람들을 위해 봉사하는 삶을 살았고, 새뮤얼 존슨$^{Samuel Johnson}$은 글쓰기에 자신의 전부를 바쳤으며, 마리 퀴리$^{Marie Curie}$는 과학에 헌신했다.

하지만 이 위인들의 삶에는 목적의 다른 원천도 있었다. 마더 테레사가 가난한 사람들에게 봉사한 이유는 더 고귀한 사명인 신앙에 대한 헌신 때문이었다. 그 헌신은 봉사 말고 성찰과 기도, 인간관계, 공부로도 그녀를 이끌었다. 마리 퀴리는 노벨상을 받은 과학자이지만 헌신적인 아내이자 어머니이기도 했다(그녀는 남편 피에르의 전기를 썼으며, 딸 아이린도 노벨상을 받았다). 새뮤얼 존슨은 글쓰기에 전념한 것 외에, 지역사회에서 훌륭한 인도주의자로도 유명했다. 가난한 사람들을 개인적으로 돌봤으며, 떠돌이들을 집으로 불러 친분을 쌓았다. 2장에서 소개한 루퍼스 매시도 다양한 커리어를 추구하는 와중에 가족과 이발소 사중창단에도 많은 시간을 쏟았다.

우리 대부분에게 삶의 목적은 단 하나가 아닐 것이다. 아니, 세상 모든 사람이 그럴 것이다. 우리의 삶에는 다양한 목적의 원천이 존재한다. 목적은 하나가 아니라 여러 개이고, 그것들이 곧 일과 삶의 곳곳에서 가치를 발견하게 해줄 다양한 의미의 원천이다. 커리어는 삶의 수많은 의미 중 한 조각일 뿐이다. 그리고 무조건 일에서 가장 큰 의미가 발견되는 것도 아니다. 목적의 원천이 다양하다는 사실을 알면, 삶에 의미를 부여하는 단 하나뿐인 무언가를 찾아야 한다는 압박감에서 벗어날 수 있다.

고정관념 3: 목적은 불변한다

● ●

"제 삶의 목적을 어떻게 찾을 수 있을까요?" 이렇게 물었던 영리한 여학생은 대학교부터 시작해 사회생활을 거쳐 세상을 떠날 때까지, 인생 전반을 이끌어 줄 무언가를 찾고 있었을 것이다. 하지만 삶은 그런 식으로 흘러가지 않는다. 내 인생만 봐도 시간이 지남에 따라 목적이 크게 바뀌었다. 학창 시절에는 부모님과 형제자매들, 친구들, 취미생활이 내 세상의 전부였다. 사회 초년생 때는 비즈니스 분야에서 성공하고, 커리어를 개척하고, 여행을 떠나 새로운 세상을 경험하고, 인생의 동반자를 찾는 것이 중요했다. 지금은 직업, 공동체 활동, 아내와 네 아이에게서 삶의 목적을 발견한다. 고등학교 농구부나 혼자 떠나는 여행의 나날은 과거가 되었다. 앞으로 남은 삶 동안에도 분명 변화가 나타날 것이다. 또 직업이 바뀌고, 손자 손녀가 생기고, 지역사회 봉사활동에 쏟는 시간이 많아질 터다.

외부 환경이 지나치게 역동적이고 불안정한 요즘 시대에 변화는 기정사실이 되어버렸다. 요즘은 평생 하나 이상의 커리어를 거치는 사람을 흔히 볼 수 있다. 내가 아는 어떤 사람은 성공한 주식중개인이라는 직업을 버리고 스타트업 창업에 뛰어들었다. 기업을 떠나 공직에 출마한 사람도 두 명 있다. 그리고 직업의 변화와 상관없이, 대부분은 아동기, 청소년기, 성인기, 자녀의 출생, 자녀의 독립, 은퇴 같은 삶의 여러 단계에 따라 의미의 변화를 경험한다.

목적의 원천이 변한다는 것은 사람이 가볍거나 헌신이 부족하다는 뜻이 아니다. 지극히 자연스럽고 바람직한 현상이다. 우리는 여러 곳에서 의미를 찾으며, 그에 따라 의미의 원천은 변할 수 있고, 실제로도 변한다.

인생 전체를 정의하는 목적은 드물다. 적어도 유일무이한 것은 아니다(종교적 믿음과 같이 평생 변하지 않는 목적이 있을 수 있지만, 그것이 단 하나의 고정된 목적이진 않다). 사람이 변하는 것처럼 목적도 시간이 지남에 따라 변한다.

앞으로 나아가라

· · · · · · · · ·

사람들 대부분은 목적에 대한 세 가지 고정관념을 가지고 있다. 당신도 공감하는가? 이 책에서는 앞으로 계속 이들 고정관념을 파헤치고, 바람직한 인식으로 바꿔 나갈 것이다. 그러면 의미 있는 변화를 만들고 삶의 다양한 영역에서 목적의식을 높일 수 있을 것이다. 직업이나 사는 곳, 인간관계를 꼭 바꿀 필요는 없다. 하지만 적어도 마음가짐의 변화와 함께, 삶의 다양한 영역에서 의미를 캐내고 다듬어 가려는 의식적인 노력이 필요하다.

04

·······

의미를 채굴하라

목 적 바 라 기

행복을 위한 황금 갈피

🪶 내 위치 측량하기 🪶 조언 팀 꾸리기

🪶 목적 원석 채굴하기

전설적인 시사평론가 론 처노^{Ron Chernow}는 저서《금융 제국 J. P. 모건 House of Morgan》에서 황금 생산업체 텍사스 걸프 설퍼^{Texas Gulf Sulphur}가 기적에 가까울 정도로 높은 순도의 광맥을 발견한 이야기를 들려준다. 그 책의 내용을 잠깐 옮겨 보겠다.

> 1963년 11월, 텍사스 걸프는 온타리오주 티민스(Timmins)에 비밀스러운 구멍을 뚫었는데, 그걸 본 수석 채굴 기술자가 깜짝 놀랐다. 지금까지 한 번도 본 적 없고 업계의 문헌에 기록된 그 어떤 것보다 풍요로운 광맥이었다. 그곳에 농집된 구리, 아연, 은, 납은 무려 20억 달러어치에 달했다. 캐나다 구리 수요의 10%, 아연 수요의 25%를 공급할 수 있는 양이었다. 게다가 꿈만 같은 사실은 광맥이 지층 바로 위쪽에 자리해서 한 광부의 표현대로 "마치 대형 캐비어 덩어리처럼 그냥 퍼 올리면" 된다는 것이었다.

매장된 금이나 은의 순도가 워낙 높아서 말 그대로 손으로 퍼내기만 하면 된다고 생각해 보라. 그야말로 '무지개 끝의 황금 항아리'가 현실로 이루어진 셈이다. 광부들은 그런 광맥을 찾는 꿈을 꿀 것이다. 어쩌다 정말 발견할지도 모르지만, 실제로 가능성은 대단히 희박하다.

일반적으로 금속 채굴은 몹시 고되고 위험하며 시간을 잡아먹는 작업이다. 금, 은, 구리는 지하 깊숙이 묻혀 있는 경우가 많다. 그런 귀금속은 자연 상태에서는 정제되지 않아 순도가 낮으며, 몇 톤이나 되는 바위와 흙에 극미량씩 광범위하게 분산되어 있다. 분명 있긴 한데 찾기가 힘들다. 힘들게 깎고 파서 농집된 지역을 찾아낸 다음, 가치 있는 물질의 더 '순수한' 상태를 얻을 때까지 공들여 제련해야만 한다.

내가 목적은 찾는 것이 아니라 '캐내서 만드는 것'이라고 생각하는 이유도 그 때문이다. 물론 온타리오주 티민스에서 상상을 초월하는 풍부한 광맥을 우연히 발견한 텍사스 걸프의 운 좋은 임원들처럼 '사명'을 우연히 발견하는 사람도 가끔 있을 것이다. 역사상 가장 위대한 골프 선수 타이거 우즈Tiger Woods는 겨우 세 살 때 9홀 코스를 돌았고, 다섯 살 때 TV 중계 경기에 나갔다. 베토벤은 네다섯 살에 첫 작곡을 했다. 그 밖에도 유명한 위인들은 마크 트웨인이 말한 태어난 이유를 깨닫는 순간을 경험했다.

하지만 보통 사람의 광맥은 그렇게 풍성하지 못하므로, 매일의 일에서 의미를 느끼려면 의식적인 노력이 필요하다. '사명'을 찾은 사람이라도 지쳐서, 환멸이 느껴져서, 일상 자체가 단조로워져서 마음이 오락가락할지 모른다. 소아과 종양 전문의의 목적은 분명할 것이다. 하지만 회계사나 구내식당 직원, 제약회사 영업사원은 어떨까? 이 직업들에도 큰 의미가 있을 수 있지만, 그것을 캐내고 만들려면 더 큰 집중력이 필요할 것이다. 의식적으로 일에서 목적을 찾고, 의미의 원천에 변화를 주고, 자신의 가치관을 새로운 눈으로 바라보는 것은 끝없는 노력이 필요하지만 충분히 가치 있는 투쟁이다. 일이 아닌 사생활에도 똑같은 방식으로 접근한다면, 삶의 구석구석 내재된 의미를 이해할 수 있게 될 것이다.

의미 채굴하기: 잘 보이지 않는다 해도

2019년 말과 2020년 초에 세계를 덮친 코로나19 대유행은, 수백만 명을 아프게 하고 목숨마저 앗아갔다. 세계 경제에 심각한 타격을 주었으며, 나라 전체가 봉쇄되기까지 했다. 우리에게 닥친 질병과 죽음, 공포, 경제적 시련이 너무나 커서 희망을 이야기하는 것 자체가 위기를 너무 가볍게 여기는 것처럼 보일 수도 있다. 하지만 그동안 미처 알지 못했던 일의 의미와 중대함을 깨닫게 된 것은, 먹구름 속에서 찾은 한 줄기 빛이라고 할 수 있을 것이다.

갑자기 전 세계가 봉쇄되고 먹을 것을 구하거나 필수적인 서비스를 이용하는 것이 어려워지면서, 배달원, 간호사, 계산원, 관리인, 환경미화원, 도축업자 등의 일에 더 큰 의미가 생겼다.

2020년 3월 19일, 트위터 사용자 @optundone은 이런 내용의 트윗을 올렸다. "허리도 아프고 어깨도 아프다. 거의 못 잤다. 건물을 소독하느라 오늘 하루 12시간을 일했다. 하지만 사람들은 청소부에 대한 존중심이 없다." 그는 다른 사용자에게 보내는 댓글로 또 이렇게 적었다. "이 위기를 통해 사람들이 서로에게 서로가 필요하다는 사실을 깨닫기를 바랍니다." 코로나19 위기에 청소부는 최전방에서 생명을 구하는 직종이 되었다.

2020년 3월 14일, 트위터 사용자 @justmeturtle은 다음의 트윗을 올렸다.

63

───── 제 직업은 쓰레기 수거원입니다. 재택근무가 불가능한 필수 업종이죠. 새벽에 일어나는 것부터 육체노동, 단조로운 업무까지 워낙 힘든 일이라 버티기가 너무 힘들 때도 많습니다. 하지만 지금은 일에 더 큰 자부심과 목적을 느끼고 있습니다.

세상의 모든 직업은 어떤 필요를 충족해 주므로 존재한다. 하지만 평상시에는 그 필요가 숨어 있어서 그냥 지나치기 쉽다. 일상의 고단하고 지루한 업무 속에서 의미 있는 것들은 티민스의 광맥처럼 바로 가까이에 있지 않다. 전 세계에 흩어져 매장되어 있는 귀금속처럼, 대부분 의미도 매일 채굴되어야만 한다.

 삶에서 의미를 채굴하는 방법

	무슨 뜻일까	실제 어떤 모습일까
측량하기	측량사가 귀금속이 묻혀 있는 광맥을 조사하듯 현재 또는 미래의 활동에 의미가 들어 있는지 살펴보는 과정	**의식적으로 삶을 돌아보기**: 내가 잘하는 것, 몰입하는 것, 마음을 움직이는 것, 세상에 보탬이 될 수 있는 일, 피해야 할 것 등
팀 꾸리기	의미의 원천을 찾고 채굴과 가공을 도와주는 동류 집단 또는 공식 및 비공식적인 이 사회를 갖추는 과정	**팀원 모으기**: 보완과 협업이 가능하고 지혜를 나눠 줄, 나를 진심으로 생각하는 주변인이나 존경하는 멘토 4~5명
목적 원석 채굴하기	인생의 여러 방면을 돌아보고 다양한 곳에서 의미를 캐내는 과정 의미가 커지도록 행동을 바꾸는 준비 과정	**삶의 여러 부분을 하나씩 돌아보며 중요한 질문 던지기**: 내가 봉사하는 사람은 누구인가? 그들은 무엇이 필요한가? 어떻게 하면 더 긍정적인 영향을 끼칠 수 있을까? 행동에 변화를 줄 기회가 있는가?

그렇다면 일과 삶에서 목적을 어떻게 캐낼 수 있을까? 다행히도, 그것은 반복 가능한 과정이다. 목적을 채굴하기 위해서는, 세 가지 간단한 단계를 거치면 된다. 바로 측량하기, 팀 꾸리기, 목적 원석 채굴하기이다.

1단계: 측량하기

일과 삶에서 목적을 찾으려면 반드시 제대로 된 곳을 바라봐야 한다. "좋아하는 일을 하라."는 이상주의적인 조언은 별로 실용적이지 않다. 자신이 무엇을 좋아하는지, 삶의 한가운데에 둘 만큼 좋아하는 일이 무엇인지 확실하게 아는 사람은 많지 않다. 어떤 일을 하고는 싶은데, 단순히 잘하지 못할 수도 있다(내가 이루지 못한 음악가의 꿈이 그렇다). 어떤 일을 좋아하지만 다른 의미 있는 목표들과 맞춰 나갈 만큼 헌신하지 못할 수도 있다. 예를 들어, 출장을 자주 다니는 경영 컨설턴트는 자녀와 많은 시간을 함께 보내고 싶은 바람과 정반대의 삶을 살고 있을 것이다. 마지막으로, 우리 중 많은 사람이 좋아하는 일을 할 수 있는 경제적 자유나 기회가 없어서 (품위는 있되) 그다지 좋아하지 않는 일을 하며 살아가야만 한다.

하지만 자신의 가치관에 반하거나 성공 가능성이 작고 괴로운 일을 하면서 살아가는 것은 현명하지 못하다. 일에서 목적을 채굴하고자 할 때는, 시작하기에 앞서 과연 제대로 된 곳을 보고 있는지 몇 가지 질문을 해 봐야 한다.

작가이자 신학자인 프레더릭 뷔히너 Frederick Buechner 는 이렇게 말했다. "당신이 느끼는 가장 큰 기쁨과 세상의 가장 큰 필요가 만나는 지점에 당신의 천직이 있다." 내가 한마디 덧붙이자면 거기에 잘하는 일이어야 한다. 잠깐 시간을 내어 자신의 재능을 2~5개 적어 보자. 대화 능력이나 그림 실력이 빼어난가? 운동신경이 발달했거나 갈등을 중재하는 재주가 탁월한가? 노래나 수학을 잘하는가? 자신의 강점을 잘 모르겠다면 가족이나 배우자 또는 친한 친구에게 물어보자. 재능은 자신보다 남에게 더 잘 보인다. 내가 무엇을 잘하는지 알면 그것을 토대로 의미 채굴을 시작할 수 있다. 잘하는 일에서 더 큰 목적이 나오는 법이다. 뜨개질부터 협상까지 다양한 재능은 일과 사생활에서 목적을 찾도록 도와준다.

미국심리학회 American Psychological Association 는 (심리학자 미하이 칙센트미하이 Mihaly Csikszentmihalyi 가 처음 제시한) '몰입 Flow' 상태를 이렇게 설명한다. "어떤 과제에서 요구되는 수준을 감당할 수 있을 정도로 개인의 능력이 충분히 활용되었을 때, 내적 동기부여가 최고치에 달하고, 자의식과 시간 감각이 사라지며, 완전한 통제력과 수월함을 느끼고, 직면한 상황 (지금 여기)에 완전히 집중할 때 도달하는 상태."[1]

우리는 즐기지 않거나 좀처럼 집중하기 어려운 일들을 잘하기도 한다. 예를 들어, 나는 수학을 꽤 잘하지만 온종일 수학만 다루는 직업에는 '몰입'이 불가능하다는 걸 사회 초년생 때 알게 되었다. 지난 10년을 되돌아보자. 일이나 삶에서 완전한 몰입을 느꼈던 경험을 3~5가지 떠올린다. 직장 업무와 관련해 어떤 일을 할 때 몰입하는가? 시간 가는 줄 모르고 집중하다가 문득 시계를 보면 몇 시간이 훌쩍 지나 있는 일은 무엇인가? 나는 예전부터 강연하는 시간을 좋아했다. 강연이 내가 하는 일의 전부는 아니지만 기회가 생기기를 매번 고대하게 된다. 글쓰기, 협상, 코칭, 멘토링, 투자, 전략 수립도 좋아한다. 당신이 '잘하는 일' 목록과 몰입하는 일 목록 사이에 겹치는 부분이 있는가?

셋째, 당신의 마음을 움직이는 것은 무엇인가?

목적은 다른 사람들을 돕거나 세상에 영향을 미치는 것과 관련 있을 때가 많다. 당신의 마음을 움직이는 것은 무엇인가? 다른 사람들을 행복하게 해줄 때가 좋은가? 사람들의 미소를 보는 게 좋은가? 성공한 사람들이 잠재력을 완전하게 발휘해서 더 빛나도록 도와주고 싶은가, 아니면 고군분투하는 사람들의 발전과 성장을 도와주는 일에 더 끌리는가? 훌륭한 이야기 혹은 아름다운 수학 공식을 좋아하는가? 무엇이 자신의 마음을 움직이는지 알면 어디에서 목적을 찾아야 하는지뿐만 아니라, 어떻게 하면 현재 일상적으로 하는 일들에 더 큰 의미를 부여할 수 있는지도 이해할 수 있다. 지난 2~3년 동안 당신의 마음을 움직였던 일을 5~10개 적어 보자. 직업에 있는 무엇인가일 수도 있고, 지역사회, 가정과 관련된 일일 수도 있다. 그 일에 당신의 재능을 활용할 수 있는 방법이 있을까?

넷째. 세상이나 주변에 어떤 필요가 있는가?

당신이 즐기는 취미 활동은 세상에 꼭 필요한 일인가? 그것을 직업으로 삼을 가능성이 있는가? 있다면 그 기회를 활용할 수 있을 만큼 실력이 충분한가? 그 직업으로 다른 목표를 추구하기에 충분한 돈을 벌 수 있는가?

잘하는 일, 몰입하는 일, 마음을 움직이는 일의 목록을 다시 한번 살펴보자. 이 중에는 사소하거나 개인적인 일도 있을 수 있다. 그냥 재미로 즐길 뿐 세상을 바꾸기까지는 하지 못하는 일들이 그렇다. 가령 나는 뭔가를 끄적이는 걸 좋아하지만, 세상은 내 낙서가 필요하지 않고 돈 주고 사지도 않을 것이다! 그러나 당신의 목록에는 세상의 분명한 필요를 충족할 만한 일이 두세 가지 있지 않은가? 목적은 단순히 잘하는 일이나 완벽하게 숙달된 기술에서 나오지 않는다. 당신의 재능과 관심사 중에서 세상에 필요한 일에 동그라미를 친다. 그것들은 세상에 영향을 끼치는 특별한 기회를 줄 수 있다.

다섯째. 피해야 할 일이 있을까?

마지막으로 부정적인 부분도 검토해 봐야 한다. 자신의 가치관에 맞지 않아서 절대로 할 수 없는 일이 있는가? 너무 자주, 나는 돈이나 다른 직업을 찾지 못할지도 모른다는 초조함과 두려움 때문에 자신의 도덕관과 맞지 않는 회사나 조직에서 일하는 사람들을 본다. 도덕적인 이유로 채식주의를 선택한 사람이라면, 동물 실험을 하거나 동물을 이용한 제품을 만드는 회사에서 일하고 싶지 않을 것이다. 우리는 누구나 직장에서 '현실적이지 않아서', '가정에서 맡은 역할을 제대로 해내기 위해서' 등의 이유로 타협하고 목적을 조금 희생한다. 하지만 가치관과 어긋나는 일은 절대로 하면 안 된다. 그러면 삶의 그 어떤 부분에서도 목적과 진정성을 추구할 수 없다. 당신이 일과 관련해 절대로 넘지 않을 선은 무엇인가?

측량 작업은 당신이 가장 큰 목적의식을 느낄 만한 분야를 알려 줌으로써 시작점을 제공한다. 새로운 직업을 찾기 위해 실시할 수도 있다. 현재 직장에서 목적의식을 키우기 위해 할 수 있는 선택이 뭐가 있는지 알려 주기도 한다. 인생 전반에서 목적을 찾을 기회를 줄 수도 있다. 측량 과정을 마쳤다면, 결과를 두고 가까운 주변 사람과 대화를 나눠 본다. 그 사람은 다음 단계에 나오는 당신의 '팀원'일 수도 있다.

2단계: 팀 꾸리기

보통 채굴이라고 하면 홀로 사금을 채취하는 사람의 모습이 떠오르지만, 사실 채굴은 팀 활동이다. 삶과 일에서 목적을 캐내는 일은 다른 이들의 도움이 없으면 거의 불가능하다.

그 도움은 대부분 자연스럽게 시작된다. 배우자나 파트너, 친구, 가족 등 당신을 아끼는 사람들에게서 비롯되기 때문이다. 주변의 가까운 사람들은 당신에게 힘이 되어 주고, 격려해 주며, 당신이 보지 못하는 것을 본다. 그런 사람들과 목적의 원천에 관한 대화를 나누면 무척 유익할 수 있다. 그렇지만 그들이 다양한 관점을 제공해 주지 못한다면 한계가 있을 것이다. 따라서 당신의 성공을 바라지만 당신에게 책임을 묻는 것 또한 망설이지 않으며, 사고방식도 다른 사람을 고르는 것이 중요하다.

이런 이유에서 가족과 친구로 이루어진 핵심 그룹보다 거리가 좀 있는 조언자들로 이루어진 팀이 더 유익하다. 이렇게 좀더 조직화된 집단은 당신의 '개인 이사회personal board of directors' 형태가 될 수 있다. 커리어 코칭 기업 커리어 스트래티지스Career Strategies의 프리실라 클래먼Priscilla Claman 회장을 비롯한 많은 사람이 추천하는 아이디어이기도 하다. 나만의 비공식 이사회는 내가 커리어와 관련된 문제로 상담하고 지도와 피드백을 얻을 수 있는 사람들을 말한다. 그들은 당신의 커리어 계발을 도울 뿐만 아니라 삶과 일에서 분명한 의미를 찾게 해줄 수 있다.

의료기기 업체 메드트로닉Medtronic의 CEO를 지낸 하버드 경영대학원 교수 빌 조지Bill George는 '나침반true-north' 그룹이라고 부르는 지원 네트워크를 조직했다. 그의 말에 따르면 이 네트워크는 "비공개적인 자리에서 개인의 신념과 가치관, 원칙뿐만 아니라 일과 사생활에 관한 이야기를 자유롭게 나눌 수 있는 소규모의 친밀한 동류 집단"[2]이어야 한다. 이 집단은 구성원끼리 서로 서로 돕는 쌍방향이라는 점에서 개인 이사회와 다르다. 또한 신앙을 지지하는 종교인들의 모임, 시련 가득한 스타트업의 현실을 공유하기 위해 만나는 기업가들의 모임 등, 여러 다양한 형태로 실현될 수 있다. 하지만 이들 그룹은 서로에게 헌신하고, 어려움을 공유하고 있으며, 서로를 돕고 책임지는 데 초점을 맞추고 있다는 공통점이 있다.

목적을 찾도록 도와주는 개인 이사회나 '나침반' 그룹을 꾸릴 때는, 과연 올바른 마음가짐을 가진 구성원들인지 몇 가지 질문으로 확인해 봐야 한다. 다음 질문을 통해 당신의 기준에 들어맞고 목적을 찾도록 기꺼이 도와줄 5명(예비 2명 포함)을 찾는다.

첫째. 내가 존중하고 귀 기울이는 사람은 누구인가?

가장 기본적인 부분 같지만 조언을 구하는 상대는 반드시 당신이 존중하는 사람이어야 한다. 주변에서 존경스러운 사람은 누구인가? 누가 우러러 보이는가? 의미와 목적이 있으며, 성공적이고 행복한 삶을 사는 사람은 누구인가? 커리어를 쌓아온 과정이 존경스러운 사람, 솔직함과 진정성이 있는 사람, 주변 사람들과의 관계가 좋은 사람, 행복한 사람들을 떠올려 보자. 목적이 있는 삶을 아는 사람이라면 당연히 당신이 목적의 원천을 찾고 가꿔 나가도록 도와줄 수 있을 것이다.

둘째. 내 이익을 생각해서 말하고 행동하는 사람은 누구인가?

세상 사람 모두가 내 편은 아니다. 질투와 경쟁심이 심한 사람도 있다. 자신의 이익만 챙기거나 상대의 이득은 자신의 손해라는 제로섬 편견에 빠진 사람도 있을 것이다. 그런가 하면 단순히 너무 바빠서 당신에게 신경 쓸 여유가 없는 사람도 있다. 개인 이사회나 나침반 그룹은 당신을 이해하고 공감해 주며 무엇보다 당신의 이익을 중요하게 여기는 사람들로 이루어져야 한다.

셋째. 새롭거나 흥미로운 관점을 볼 수 있도록 보완해 주는 사람은 누구인가?

다양한 관점을 고려해야 가장 좋은 결과가 나올 수 있다. 당신과 사고방식은 다르지만 존경스러운 사람은 누구인가? 일이나 삶에서 새로운 부분을 밝히고, 당신의 관점을 보완해 줄 사람이 있는가? 다양성을 확보하기 위해 직장, 대학원, 현재 직장, 예전 직장, 모임, 지역사회 등, 최소 두세 가지 그룹에서 그런 사람들을 찾아보기 바란다. 이 사람들은 당신이 미처 알지 못하는 맥락 속에서 당신을 보았을 것이다. 마찬가지로 성별, 인종, 성격 특성 등 당신과 배경이 다른 사람들의 관점으로 바라보면 시야가 넓어질 수 있을 것이다. 당신은 위험을 회피하려는 경향이 심한가? 그렇다면 비슷한 성향을 가진 멘토도 좋지만, 위험을 좀더 편안하게 받아들이는 사람도 한 명쯤 있어야 한다. 성격이 외향적인가? 그룹에 내향적인 사람의 관점을 공유해 줄 사람을 한 명 이상 포함시키도록 하자.

넷째. 반대 의견을 제시하면서도 협업할 수 있는 사람은 누구인가?

개인 이사회나 나침반 그룹을 꾸릴 때는 존경스러운 마음이 드는 사람인지를 생각해 봐야 한다. 당신의 의견에 무조건 찬성만 하는 '예스맨'은 결국 당신을 좋지 못한 선택으로 이끈다. 서로 불편해지는 상황이라도 기꺼이 반대 의견을 펼 사람이어야 한다. 항상 발전을 위해 노력하는 모습으로 영감을 주는 사람은 누구인가? 당신이 스스로 정한 기준에 미치지 못할 때 책임을 일깨워 줄 사람은 누구인가? 이사회나 나침반 그룹은 당신의 목표와 개인적인 기준을 제대로 이해하는 사람이어야 한다. 그리고 그들에게 당신이 엇나갈 때 따끔하게 충고해 줄 수 있는 자격을 주어야 한다. 예를 들어, 나에게는 남편과 아빠로서 내가 하는 행동에 책임을 물어줄 동료들이 몇 명 있다. 전부 내가 존경하는 성품을 가진 사람들이다. 그들은 혹시나 내가 스스로 정해놓은 기준에 미치지 못할 때, 당연히 나에게 조언할 자격이 있다고 느낀다.

다섯째. 나에게 없는 지혜와 경험을 나눠 줄 수 있는 사람은 누구인가?

이사회나 나침반 그룹은 당신이 얻고자 하는 지혜와 경험을 가진 사람들이어야 한다. 당신이 원하는 답을 찾은 것처럼 보이는 사람은 누구인가? 이미 성공했는데도 끊임없이 발전을 위해 노력하는 사람은? 인생의 수많은 굴곡에도 만족스럽고 충만한 삶을 사는 사람은 누구인가? 이 사람들은 당신보다 나이가 많을 수도 있고 적을 수도 있지만, 당신이 아직 배우지 못한 삶의 경험을 해보았을 것이다.

앞으로 한 달 동안, 이런 사람들에게 이메일이나 전화로 부탁해 보자. 이따금 통화하거나 직접 만나서 한 시간 정도 당신의 일과 삶의 목적에 대해 함께 생각해 줄 수 있겠느냐고 말이다. 일대일도 괜찮고 여럿이 함께해도 괜찮다(하지만 보통은 일대일이 좋다).

3단계: 목적 원석 채굴하기

이제 탄탄한 토대가 갖추어졌다. 올바른 팀을 꾸렸다. 자신을 잘 알고 있으며, 조언자들도 곁에 있다면 일상의 경험에서 더 많은 목적을 캐낼 수 있다. 그럼 이제 뭘 할까? 당연히 다음 단계에서는 힘든 채굴 작업에 착수해야 한다. 일과 삶의 광맥을 뚫어 삶을 더 유의미하게 완성해 줄 의미와 목적이라는 귀금속을 찾아야 한다.

앞으로 이 책에서는 원석 상태의 의미를 채굴해 순도 높고 값진 보석으로 바꾸는 과정에 초점을 맞출 것이다(3부를 참고하라). 하지만 목적을 채굴하고 만드는 여정을 시작하기 전에 몇 가지 질문을 고려한다면, 노다지 확률이 가장 높은 곳을 집중적으로 채굴할 수 있다.

모든 질문에 확실하게 답해야 한다. 주요 업무나 공동체 활동과 관련된 질문은 특히 그렇다. 나중에 다시 살펴볼 예정이니 각 질문에 대한 답을 3~5개 생각해 두자.

첫째. 일상 업무에서 당신의 고객은 누구인가?

일반적으로 목적은 다른 사람을 돕는 것과 관련 있다. 당신은 누구에게 서비스를 제공하는가? 어떤 분야에서는 이 답을 쉽게 알 수 있다. 슈퍼마켓 계산대 직원이 서비스를 제공하는 사람은 물건을 계산하러 오는 손님들이다. 자산 관리 분야에서 일하는 사람의 최종 고객은 실제로 만날 기회가 없는 이들이다(예: 연금 수혜자, 생명보험 회사). 하지만 고객이 누구인지 알고 고객에 대한 이해가 높을수록 일할 의

욕이 솟아나고, 고객을 위해 일한다는 깊은 사명이 느껴질 수 있다. 어떤 '고객'은 동료인 경우도 있다. 예를 들어 기술 전문가는 회사의 외부 고객은 물론이고 같은 회사에 근무하는 동료들에게도 서비스를 제공한다.

둘째. 고객들에게 무엇이 필요한가?

곰곰이 생각해 봐야 하는 중요한 질문이다. 내가 서비스를 제공하는 사람들에게 무엇이 필요한가? 슈퍼마켓 계산대 직원의 고객은 당연히 직원이 물건을 제대로 스캔하고 정확하게 계산해 주기를 원할 것이다. 하지만 더 깊이 파고들어 보자. 계산대 직원을 거쳐가는 고객들은 정직이나 친절함, 신속성, 그 밖에도 많은 것이 필요하다. 고객의 니즈를 깊이 파헤쳐 보면 풍성한 목적의 광맥이 발견될 수도 있다. 당신이 일상에서 주로 서비스를 제공하는 사람은 누구인가? 그 사람들을 떠올리면서 그들에게 개인적으로나(예: 긍정, 격려) 업무적으로나(예: 제품 정시 배송) 필요하다고 생각되는 것을 최소한 3~5개 적어 본다. 형식에 상관없이 자유롭게 적으면 된다. 그 목록을 들고 생각해 보자. 어떻게 하면 그들에게 보다 전인적인 서비스를 제공할 수 있을까? 이 사고방식을 또 어떤 대상에 적용해 볼 수 있을까?

셋째. 어떻게 하면 동료들에게 긍정적인 영향을 줄 수 있을까?

우리는 적어도 비즈니스에서는 고객을 매우 잘 응대한다. 그들이 나와 회사의 생명줄이기 때문이다. 하지만 동료를 응대하는 일은 서

투른 경우가 많다. 우리는 고객의 요구를 충족하거나 자신의 목표를 위해 뛰느라 정신없이 바빠서, 동료들에게 소홀하거나 사무적으로 대한다. 하지만 당신과 함께 일하는 사람들도 똑같이 존중과 친절을 간절히 원한다. 그들도 누군가 귀 기울여 주고 자신의 가치를 알아주기를 바란다. 당신은 누구와 함께 일하는가? 그들의 니즈는 무엇인가? 어떻게 하면 충족해 줄 수 있을까?

넷째. 업무에 '공들여 만들' 기회가 있는가?

모든 목적이 외부에, 즉 타인에게 서비스를 제공하는 것에 관련 있지는 않다. 나는 맡은 업무를 잘 해내는 것이나, 기술을 개선하고 완벽하게 갈고닦으면서 느끼는 성취감에도 커다란 목적의식이 있다고 믿는다. 예전에 함께 일했던 컨설팅 기업 맥킨지의 애널리스트는 자신의 간결하고 정확하면서 멋진 파워포인트 프레젠테이션에 대한 자부심이 대단했다. 그녀는 사소한 부분까지 완벽하게 개선했고, 잘 처리해낸 업무에서 깊은 만족감을 느꼈다. 당신의 업무에서 이렇게 공들여 가다듬을 수 있는 일은 무엇인가? 바로 거기에서 나만의 목적을 캐낼 수 있을지 모른다.

다음 표는 인사과에서 지원 혜택 업무를 관리하는 캐시의 사례이다. 이 연습법을 마친 캐시는 다른 사람들을 위하는 새로운 기회를 찾았을지도 모른다. 그동안 미처 깨닫지 못한 니즈를 발견해 업무를 더 탁월하게 해내게 될 수도 있다. 결국, 그녀는 이미 하고 있던 일들에서 더 큰 의미를 느끼게 될 것이다.

 캐시의 일의 목적 원석 채굴하기

질문	답 3~5개
일상 업무에서 당신의 고객은 누구인가?	· 복잡한 문제의 해결을 위해 (때로는 까다로운 상황에서) 나에게 의지하는 회사 동료들 · 직원들이 회사의 지원 혜택을 이용해 부양하는 가족들 · 고객 불만과 불합리한 요구를 처리해야 하는 공급업체들
고객들에게 무엇이 필요한가?	· 동료들과 가족들: 　- 복잡한 문제에 대한 명확한 지도 　- 필요한 것이 다 갖추어졌다는 확신 　- 익숙하지 않은 문제에 대한 교육 　- 시급한 의료·금융 문제 해결을 위해 신뢰할 수 있는 사람 · 공급업체: 　같은 편이 되어 주는 믿음직한 파트너
어떻게 하면 동료들에게 긍정적인 영향을 줄 수 있을까?	· 그들이 혼란스럽거나 불확실한 상황에 놓였을 때 진정한 관심을 보여주고 시간을 내준다. · 갑작스러운 위급상황으로 회사의 지원 혜택이 꼭 필요해진 사람들에게 침착한 모습으로 든든한 버팀목이 되어 준다. · 친절하고 적극적인 모습으로 고객과 공급업체 사람들에게 긍정적인 영향을 끼친다.
업무에 '공들여 만들' 기회가 있는가?	· 업계의 누구보다 지원 혜택 정책에 해박해지기: 동료들을 위해 적절한 공급업체를 선별하고, 동료들에 대해 알아가면서 소통하고 교육한다. · 동료들의 니즈를 파악해 (개인 정보 보호 범위 내에서) 필요시 전문 상담가가 될 수 있도록 준비한다.

이 질문들에 대한 당신의 답변은 목적의 풍부한 광맥을 드러내 줄 것이다. 하지만 목적을 캐낸다고 해서 무조건 삶이 목적으로 가득해지는 것은 아니다. 캐낸 목적의 원석을 가지고 아름다운 무언가를 공들여 만들어야 한다.

채굴하고 만들어라

교육, 제약, 정부 서비스처럼 목적 원석이 풍부하게 매장된 분야에서 일하면서도, 원석을 진정 의미 있는 무언가로 만드는 선택을 하지 않는 사람들이 많다. 그런가 하면 커티스 젠킨스처럼 아무도 채굴할 생각을 하지 않는 광맥에서 원석을 캐내 아름답고 특별한 것을 만들어 내는 사람도 있다.

이 작업은 조직적인 차원에서 이루어지기도 한다. 직원들이 일에서 의미와 목적을 찾을 수 있도록 기업이 나서서 구조를 마련해 주는 것이다(다음 글 '슬러지 올림픽'을 참고하라). 하지만 그보다는 개인적인 행동일 때가 더 많다. 그 사람은 공급업체와 동료들을 위해 보다 나은 방법을 고민하는 소비재 대기업 구매 부서의 담당자일 수 있다. 또는 고객, 동료, 부하 등 다양한 사람과의 상호 작용에서 더 큰 의미와 목적을 캐내고자 고민하는 컨설팅 파트너일 수도 있다. 물론 이 작업이 훨

썬 수월한 직종도 있지만, 당신이 무슨 일을 하든 대부분 가능하다. 지극히 평범한 일을 의미 있게 만든 사람들의 본보기는 모든 직종과 계층에서 찾아볼 수 있다.

슬러지 올림픽
(the Sludge Olympics)

2019년 5월 2일, 뉴욕시 환경보호부는 제32회 오퍼레이션 챌린지(Operations Challenge), 일명 슬러지 올림픽을 열었다. 시에서 일하는 하수처리 노동자들이 하루 동안 경쟁하는 대회였다.

엘렌 배리(Ellen Barry)의 2007년 <뉴욕 타임스> 기사로 유명해진 이 대회에서는, 뉴욕 폐수 처리 전문가로 이루어진 팀들이 그들의 직업과 관련된 다섯 개 종목에서 경쟁을 벌인다. 우승팀은 여름에 열리는 주(州) 대회에 참가하고, 그 우승팀은 가을에 있는 전국대회에 나간다. 뉴욕시 우승팀은 지난 32년 동안 전국대회에 31회나 진출했다.

바워리 베이 코요테스(Bowery Bay Coyotes), 언플러셔블즈(Unflushables), 슬러지 허슬러스(Sludge Hustlers) 같은 이름을 단 참가자들은 무척이나 행복해 보인다(그들의 유쾌한 플리커 계정에서 확인할 수 있다). 그들이 겨루는 시뮬레이션 과제로는 누출이 발생한 파이프를 수리하는 이른바 '집수' 작업이 있다. 동료를 구조하는 동시에 공기의 질을 확인하고 밸브를 교체하는 노동자 안전 보호 과제도 있다. 기상으로 인한 모의 비상사태에 맞서 펌프를 복구하고, 하수를 테스트하고, 폐수 작업에 대한 지식도 테스트한다. 한마디로 위생 분야의 버라이어티 퀴즈쇼와 마찬가지다. 이 대회는 재미도 있지만 이 노동자들이 우리에게 꼭 필요한 서비스를 제공하고 있으며, 놀라운 기술을 갖추어야 한다는 사실을 되새겨 준다.

뉴욕 수자원 환경 협회의 패트리샤 세로-리힐(Patricia Cerro-Reehil)은 2019년, 이 대회를 위한 연설에서 하수처리 작업의 중요성을 강조했다.

─────── 어떻게 하면 수질 전문가들이 일주일 내내 밤낮없이 몰두하는 이 중요한 일에 사람들이 관심을 기울이게 할 수 있을까요? 뉴욕시 환경보호부가 주최하는 오퍼레이션 챌린지는 수자원 회수 작업을 담당하는 이 환경 전문가들이 갖춘 전문성과 끈기, 추진력을 보여줍니다. 사람들의 건강과 환경을 지키는 보람 있는 직업입니다.

엘렌 배리의 2007년 기사에서 소개된 슬러지 올림픽의 유쾌한 참가자 조지 모소스(George Mossos)는 자신의 일을 좀더 간결하게 설명한다. "대중을 위한 일이라는 것만으로 충분합니다."[a]

목적의식이 느껴지는 직업을 찾으라고 할 때, 하수처리를 떠올리는 사람이 과연 얼마나 될까? 하지만 전 세계의 수백만 명이 그 일을 하고 있다. 공익에 필수적이고 대단한 기술과 헌신이 필요한 일이다. 언플러셔블즈나 슬러지 허슬러스 같은 이 업계의 일부 종사자들은 일을 즐거우면서도 의미 있게 만드는 데 성공했다.

─────────────

a. 2019년 대회에 대한 자세한 내용의 출처는 2019년 5월 2일 뉴욕시 환경보호부의 언론 배포 자료(https://www1.nyc.gov/html/dep/html/press_releases/19-031pr.shtml#XiNb7C2ZNQI);

2007년 대회의 상세 정보는 엘렌 배리의 2007년 5월 9일자 〈뉴욕 타임스〉 기사 "하수처리는 3D지만 누군가는 우승해야 한다(Working in the Sewers Is a Dirty Job, but Someone's Got to Win)" 참고(https://www.nytimes.com/2007/05/09/nyregion/09sewer.html)

다음 그림에서 보듯이, 세상의 모든 커티스 젠킨스와 루퍼스 매시들은 다음의 네 가지 방법을 활용해서 목적을 만든다.

1. **일을 크래프팅하라.** 일을 더 의미 있게 '크래프팅^{crafting}'한다는 말에는 두 가지 뜻이 있다. 요즘 업무에 변화를 주어 보다 몰입되거나, 성취감을 주거나, 즐겁게 만드는 것을 뜻하는 '잡 크래프팅^{job crafting}'이 큰 인기를 누리는 데는 그럴 만한 이유가 있다. 일을 크래프팅하기 위해서는, 다시 말해 일에 담긴 본질적인 의미를 키우기 위해서는 일에 작은 변화를 주어야 한다. 일에서 캐낸 목적의 원석에 더 많은 시간을 쏟도록 업무를 조정하고, 그 부분을 부각시켜 당신이 하는 일 자체가 타인에게 큰 영향력을 발휘하도록 해야 한다.

2. **일에서 장인 정신을 추구하라.** 일에서 장인 정신을 추구하는 것도 의미를 느끼는 방법이다. 무슨 일을 하든 전문가가 되고, 탁월

한 일처리에 자부심을 가지도록 한다. 오퍼레이션 챌린지가 감동을 주는 이유는, 참가자들이 일에서 느끼는 자부심과 그들이 열악한 조건 속에서 누출 파이프를 수리하며 보여주는 전문성 때문이다. 잡 크래프팅과 장인 정신은 모두 일을 의미 있게 만들어 주는 힘이다.

3. **일을 봉사와 연결하라.** 연구 결과에 따르면 우리는 분명 다른 사람에게 도움을 줄 때 가장 큰 행복을 느낀다. 누구나 어떤 방식으로든 일터에서 누군가에게 도움을 준다. 서비스직 종사자들은 고객에게 힘을 실어 주고 봉사하는 것이 그들의 역할임을 확실하게 안다. 기술 분야에서 일하는 사람들의 고객은 바로 같은 회사 동료들이다. 경영진의 역할은 부하 직원들을 도와주는 것이다. 사람은 누구나 일하는 이유가 있다. '부모, 가족, 친구를 부양하기 위해서'거나, '가치관에 부합하는 대의를 지지하기 위해서'일 수도 있다. 그리고 이러한 봉사 행위들이 우리 대부분이 일하는 '이유'를 만든다. 따라서 일상적인 경험에 어떤 봉사 기회가 있는지 발굴해 낸다면, 우리가 하는 모든 일에 더 큰 의미가 생길 수 있다.

4. **긍정적인 관계에 투자하라.** 인생의 의미와 행복을 위해 인간관계보다 중요한 것은 별로 없다. 긍정적인 관계를 맺고 있는 사람일수록 충만함과 목적의식도 강하다는 사실이 계속 연구로 증명되고 있다. 직장에서만 그런 관계가 필요한 게 아니다. 좋은 팀워크가 없다면, '슬러지 허슬러스 팀'은 그렇게 즐겁게 일할 수 없을 것이다. 커티스 젠킨스도 학생들과 진실하고 긍정적인 유대감을 느끼지 않고는 일에서 큰 성취감을 느끼지 못할 것이

다. 함께 일하는 사람들과의 관계는 사적인 관계와 다를 수밖에 없지만, 일에서 의미를 찾을 때 매우 중요하게 작용한다. 주요 업무의 바깥에서 동료들과 긍정적인 관계를 쌓으면 더 의미 있는 경험을 만드는 버팀목이 마련된다.

이 네 가지 접근법을 활용하면 일에서나 사생활에서나 당신이 하는 모든 일에 더 큰 목적을 쌓아 나갈 수 있다. 어려운 경험을 헤쳐 나가는 데도 도움이 될 것이다. 피고측 변호사가 변호를 맡은 의뢰인을 전부 마음에 들어 하진 않더라도, 그녀는 기소된 사람 누구나가 제대로 변호받을 수 있는 시스템 자체에서 의미를 발견할 수도 있다. 또는 스스로를 시련에 놓인 사람들에게 더 나은 삶을 개척하도록 용기를 주는 조력자라고 생각하거나, 무고한 사람들의 누명을 벗겨준 긍정적인 사례들에 집중할 수도 있다. 그 어떤 직업도 항상 좋을 수만은 없다. 어떤 직업은 다른 직업보다 힘들다. 하지만 거의 모든 일에는 목적이 있고, 목적을 설계해 나갈 기회가 있다. 아무리 부정적인 경험을 많이 하게 되는 직업이라도 말이다.

3부에서는 이 네 가지 접근법을 각각 더 자세히 살펴보고, 어떻게 이런 단순한 습관이 우리를 보다 목적이 있는 삶으로 이끌어 줄 수 있는지 확인할 것이다. 하지만 다음 단계로 넘어가기 전에, 목적의 개념을 자세히 정리하는 것이 중요하다. 목적이 일뿐만 아니라, 사생활에도 존재함을 깨달아야 한다. 목적은 딱 하나가 아니라, 여러 개일 수도 있다. 그리고 우리가 시간이 지나면 변하는 것처럼, 목적도 변화한다.

05
· · · · · · ·

목적의 원천은
하나가 아니다

행복을 위한 황금 갈피

🪶 사랑 🪶 취미와 자기 계발 🪶 아름다움

🪶 직업 🪶 종교와 철학 🪶 봉사

에진 우조-오코로 Ezinne Uzo-Okoro는 나이지리아에서 보낸 어린 시절부터 호기심이 매우 왕성하고 발명 욕구가 넘쳤다. 그녀는 월트 디즈니가 아이디어를 잊어버리지 않으려 베개 밑에 연필과 종이를 넣고 잤다는 사실을 알고 똑같이 하기 시작했다. 집에 전화 건 사람이 누구인지 모르는 것이 답답해서 발신자 번호를 표시하는 방법을 상상하기도 했다. 발명가라는 확고한 꿈을 품은 그녀는 미국에서 교육받은 부모님의 뒤를 이어 뉴욕에 있는 렌셀러 폴리테크닉 대학Rensselaer Polytechnic Institute에 입학했다. 그런데 대학에서 우수한 성적을 받고 박사학위 과정을 밟고 있을 때, 그녀는 처음 들어 보는 기관, NASA(미국항공우주국)로 인해 옆길로 새게 되었다.

에진은 진로 박람회에서 학교 친구들이 어떤 채용 담당자와 이야기를 나누려고 30분이나 기다리는 것을 보았다. 그가 이력서조차 받고 있지 않는 걸 안 그녀는 다가가서 학생들의 시간을 낭비하고 있다고 따졌다. 그녀의 당찬 모습에 좋은 인상을 받은 그는 에진의 이력서를 가져갔고, 그 이후는 그야말로 역사였다. 에진은 고작 20세의 나이에 세계적인 우주 연구 기관에 들어갔고 놀라운 길을 개척했다. 그녀는 팀을 이끄는 것을 비롯해 새로운 도전을 많이 해보고 싶어서 열심히 일했다. 덕분에 NASA의 여러 중요 부서에서 일할 수 있었다. 28세 때는 이미 우주선을 여섯 차례나 발사했고, 3억 달러 규모 프로그램의 수석 엔지니어가 되었으며, 몇 개월 동안 북극으로 떠나는 특별 프로젝트에도 뽑혔다.

에진은 우주와 우주 탐사를 사랑하게 되었으며, NASA의 목적에 대한 믿음도 강하다. "우주가 가장 중요한 미개척지라는 사실이 분명해지고 있어요. 우주 탐사를 통해 별과 행성에 대해 더 많이 알 수 있지만, 우리의 지구를 지키고 지구에 대한 가르침을 얻기 위해서도 우주는 중요합니다." 그녀는 인류의 미개척지인 우주 탐사에 열정적일 뿐만 아니라, 우주를 통해 태풍이나 기근 같은 것들로부터 사람들을 지키는 데도 관심이 많다.

에진을 아는 사람들은 그녀의 삶의 목적이 우주 탐사라고 생각할 것이다. 물론 어느 정도는 맞다. 그러나 흥미로운 사실은, 에진이 단순한 NASA 엔지니어가 아니란 점이다. 그녀는 우주 식량 재배에 대한 지대한 관심으로 '테라포머스Terraformers'라는 농업 스타트업을 설립했다. 근래에는 NASA에 휴직계를 내고 MIT의 일류 미디어 랩에서 로봇공학 연구에 집중하고 있다. 보스턴에서 지내게 된 에진은 하버드 케네디 스쿨 대학원에서 공공정책도 공부한다. 중요한 과학적 사안에 영향을 주는 정책들이 실행되는 방식에 관심이 많기 때문이다. 젊은 엔지니어인 그녀는 마라톤도 뛰고, 중동의 전통 춤 실력도 뛰어나다. 헌신적인 파트너와 행복한 결혼생활을 하고 있으며 2019년에 아들도 생겼다. 이 모든 일은 저마다 의미가 있다. 하지만 이것들이 전부 합쳐져 그녀의 인생 전반에 목적의 거미줄을 만드는 것이다.

에진의 행복 만나보기

에진이 들려주는 우주와 식량 문제 이야기

앞에서 언급한 것처럼, 목적이 삶을 살아가는 단 하나의 '이유'라 생각해 부담을 느끼는 사람이 많다. 이 개념은 얼핏 고무적이지만 단 하나뿐인 목적을 찾으려고 하면 초조해지고 환멸을 느끼기 쉽다. 단 하나의 사명을 좀처럼 찾을 수 없다면 어떤 기분이 들겠는가? 끝내 실패한다면 무슨 일이 일어나겠는가? 그리고 모든 삶에 의미를 부여할 단 하나의 사명을 찾으려 무던히 애쓰는 동안, 당신 주변에서 놓치고 있는 것은 무엇이겠는가?

목적은 삶에 의미를 부여하는 단 하나의 거대한 무엇이 아니다. 목적은 매일매일 모든 삶에 의미를 더해 주는 경이롭고 다양한 군집이다. 목적이 삶에 이미 자리하고 있으며 하나가 아닌 여러 개라는 사실을 깨닫는 것이, 현대인이 봉착한 의미의 위기를 극복하는 가장 확실한 길이다. 아무리 특별한 사명이 있고 위대한 업적을 달성한 사람이라 해도, 삶의 여러 다른 영역에서 의미를 발견한다.

앞 장에서 언급했듯이 삶에서 목적을 채굴하는 첫 단계는 측량이다. 의미와 목적이 매장된 장소는 거의 무한대일 정도로 많다. 하지만 특히 풍부한 광맥이 여섯 가지 있는데, 'LABORS'라는 약자로 기억하면 된다. 보통 우리는 목적이라고 하면 일하고만 연결하는 경향이 있다. 하지만 이 약자를 통해 목적의 원천이 여러 가지라는 사실을 기억할 수 있다. 의미를 정의하고 설계할 기회를 찾기 위해서는, 이 여섯 가지 원천을 전부 둘러봐야 한다.

- 사랑(**L**ove)
- 취미와 자기 계발(**A**vocations & Self-improvement)

- 아름다움(**B**eauty)

- 직업(**O**ccupation)

- 종교와 철학(**R**eligion & Philosophy)

- 봉사(**S**ervice)

충만하고 의미 있는 삶을 살려면 이 여섯 가지 영역이 전부 중요하다. 하나씩 자세히 알아보도록 하자.

목적의 다양한 원천을 뜻하는 LABORS

LABORS	무슨 뜻인가
사랑	"행복은 결국 사랑이다." 깊고 의미 있는 인간관계를 찾고 참여하는 과정
취미와 자기 계발	잠시 주의를 환기시키고, 사소하게나마 장인 정신을 추구할 기회를 주고, 다른 방식으로 우리 삶을 풍요롭게 하며, 자기 계발로 이어지는 본업 이외의 활동들
아름다움	아름다운 무언가를 찾거나 만들거나 경험하는 것. 독서부터 책 쓰기, 저녁노을 감상, 자화상 그리기 등
직업	본업을 위해 하는 모든 활동. 생계를 유지해 주고 성취감을 느끼게 하는 일
종교와 철학	세상을 이해하도록 도와주고 '좋은 삶'의 지침을 제공하며 '고귀한 사명'을 실행할 기회를 주는 종교나 철학
봉사	대가를 바라지 않고 자신의 시간과 재능, 자원을 써서 동료, 친구, 가족 또는 어려운 처지에 놓인 사람들을 도와주는 것

사랑

• • •

하버드 그랜트 연구^{Harvard Grant Study}는 아마 세계에서 가장 오래된 종
단 연구일 것이다. (글룩 연구^{Glueck Study}와 함께) 하버드 성인발달연구^{Harvard}
^{Study of Adult Development}의 두 축인 이 연구는 1939~1944년 사이의 하버드
졸업생 268명을 추적해 왔다. 존 F. 케네디^{John F. Kennedy Jr.}를 비롯, 훌륭
한 미국 남성들이 다수였다.

총책임자로서 30년간 하버드 성인발달연구를 이끈 조지 베일런트
^{George Vaillant}는, 최근 80·90대가 된 참가자들을 다룬《행복의 비밀^{Triumphs}
^{of Experience}》을 썼다. 그가 이 장기 연구에서 얻은 깨달음은 무엇일까?
"75년의 시간과 2,000만 달러가 들어간 하버드 그랜트 연구의 결론은
명료하다… '행복은 결국 사랑이다.'"[1]

시인 존 던^{John Donne}은 "인간은 섬이 아니다."란 명언을 남겼다. 인간
의 번영에 있어 긍정적인 관계보다 중요한 것은 거의 없다. 연구에 따
르면 정서적인 인간관계가 없는 사람일수록 조기 사망률이 50%나 높
은데, 이는 매일 담배 15개비를 피우는 것과 같다.[2] 관계가 다양한 만
큼 '사랑'에도 여러 모습이 있다. 고대 그리스에는 친구, 연인, 부모,
형제자매, 자녀, 지인, 인류 등 여덟 가지 유형의 사랑이 있었다. 모두
다 우리가 흔히 맺는 관계들이다.

그런데 우리는 주변 사람들에게 소홀하거나 그들의 존재를 당연시

할 때가 많다. 완벽한 사명을 추구하거나 무의미한 관계와 커리어로 바빠, 정작 곁의 중요한 사람들에게 시간을 쏟지 않는 것이다.

비틀즈는 "우리에게 필요한 건 사랑뿐*All we need is love*"이라 노래했다. 그들이 옳았을지도 모른다. 긍정적인 관계를 찾아 우선순위에 올리는 것이야말로, 그 무엇보다 우리의 삶을 의미 있게 만들어 준다.

당신의 삶에서 가장 중요한 다섯 가지 관계를 적어 보라. 상대방의 이름을 함께 적는다. 긍정적일 수도 있고, 개선이 필요할 수도 있지만. 당신과 당신의 행복에 중요한 관계여야만 한다. 각각의 관계를 더욱더 돈독하게 하거나 개선하는 방법도 적는다. 상대가 아니라 내가 할 수 있는 행동이어야 한다. 이번 주에 그 사람과의 관계에 관심을 쏟을 수 있는 방법을 한두 가지 적어 본다. 다음 표는 회계 전문 법인에서 일하는 중간 관리자 댄이 이 연습법을 실시한 결과를 보여준다.

직접 한번 해보고 결과에서 통찰을 얻어 보자. 어떻게 하면 소중한 관계에 더 많이 투자할 수 있을까? 가장 중요한 다섯 가지 관계에 들어가야 할 사람이 또 있는가?

🌀 댄의 인간관계 매트릭스

가장 중요한 관계 5	돈독해지는 방법	이번 주에 할 일
아내	• 아이들 없이 둘만의 시간 더 많이 보내기 • 아내의 수고 더 많이 알아주고 고마움 표시하기 • 아내의 말에 귀 기울이기	• 일주일에 하루 데이트하는 날 정하기 • 고마움이 담긴 이메일 하루에 한 통 보내기

아들	• 아들의 관심사(농구, 포켓몬스터, 해리 포터)에 관심 보이기 • 둘만의 시간 더 많이 보내기	• 아들의 농구팀 코치로 자원봉사 하기 • 해리 포터 시리즈 함께 소리 내어 읽기
상사	• 나의 헌신에 대한 믿음 심어주기 • 개인적으로 좀더 알아가기	• 부부 동반 저녁 식사 • 새 자율 업무를 맡겨 달라고 부탁하고 능력 보여주기
짐 (힘든 시간을 보내고 있는 직속 부하)	• 그의 힘든 상황을 이해하려고 노력하기 • 코칭과 교육에 시간 투자해서 회복 도와주기 • 회사에 대한 관점 넓혀 주기	• 매주 미팅 잡아 토론, 경청, 코칭하기 • 타 부서의 관리자를 멘토로 이어주기
샘 (결혼생활이 원만하지 않은 친구)	• 차분하게 새로운 관점에서 생각하도록 돕기 • 현실적인 조언 해주기	• 함께 주말 캠핑을 떠나 편안한 분위기에서 고민 상담해주기

취미와 자기 계발

. . . .

우리에게 영감을 주는 사람들이 무의미해 보이는 취미 활동을 즐기는 이유는 무엇일까? 성공한 사람들은 왜 항상 새로운 개선점을 찾으려고 할까? 루퍼스 매시는 절대 프로가 될 수 없다는 사실을 알면서도 왜 노래 대회에 나가고 테니스를 치는 것일까? 에진 우조-오코로

93

는 엔지니어로서의 경력 계발을 위해 '생산적으로' 쓸 수 있는 시간을 왜 굳이 마라톤과 춤 레슨에 투자할까?

사실 거의 모든 사람이 취미를 즐긴다. 본업 이외의 취미 활동은 우리의 기분을 전환시키고, 사소하게나마 장인 정신을 추구하도록 해준다. 삶을 풍요롭게 하거나 자기 계발의 기회로도 이끌어 준다.

볼링과 스도쿠, 사이클링, 피아노 같은 각종 취미나 자기 계발 활동에도 목적이 있을 수 있다. 취미 활동은 의미 있는 직업이나 긍정적인 관계처럼 우리에게 심오한 목적을 주는 것은 아니지만 일상에서 느끼는 가벼운 목적의식은 의욕과 활기를 유지해 준다. 예를 들어, 일본에서 이루어진 연구에서는 '취미와 삶의 목적'이 사망률을 낮춘다는 사실이 밝혀졌다. 심리학 교수 제이미 커츠 Jamie Kurtz 는 어떻게 취미가 구조와 몰입, 사회적 연결 등, 내가 목적의식의 관문이라 부르는 것들을 제공하는지에 대해 썼다.[3] 취미 활동이 주는 혜택은 또 있다. 뜨개질이나 달리기 등 같은 취미를 즐기는 사람들의 모임에 들어가면 기술을 연습할 기회가 생기는 것은 물론이고, 마음 맞는 친구들도 만날 수 있어서 취미가 장인 정신이나 의미 있는 관계와 연결된다는 점이다.

취미 활동이 의미 있는 자기 계발 기회를 제공하면 더욱더 좋다. 한 예로 무수히 많은 연구 결과에 따르면 독서는 스트레스를 줄이고 공감 능력을 높여 준다. 독서 클럽에 들어가면 정신적, 사회적 발달과 함께 그 이점이 더 커진다. 운동이나 다이어트를 통한 자기 계발도 커다란 신체적 보상이 따를 뿐만 아니라 취미생활의 유익함을 전부 누리게 해준다. 가로세로 낱말 퀴즈 같은 단순한 취미도 치매를 예방하는 효과가 있을 수 있다.

목공예나 시 쓰기 같은 취미는 세상을 구하지는 못하더라도 안정적이고 일관성 있는 의미(더 큰 의미의 원천과 이어진 느낌)를 제공함으로써, 이미 목적이 있는 삶을 더욱더 풍요롭게 한다. 당신에게 사랑과 지지를 보내는 공동체를 확장해 줄 수도 있다.

하지만 현대인은 평소 너무 바쁘게 생활하다 보니 취미나 사이드 프로젝트에 신경 쓸 여력이 없다. 그러니 일부러 시간을 내야 한다. 취미에 관한 몇 가지 유용한 팁을 소개하겠다.

1. **좋아하는 일을 하라.** 우리는 매일 바쁘다. 취미는 반드시 내가 즐기는 일이어야 한다. 이를 갈아가면서 억지로 하는 취미라면 절대로 관심이 지속될 수 없다. 저절로 몰입하게 되는 일을 찾아보자.

2. **합리적인 기대치를 세워라.** 얼마 전 철인 대회에 출전해 자신의 연령대에서 5위 안에 든 CEO가 있다. 기업의 리더와 부모 역할까지 수행하느라 눈코 뜰 새 없이 바쁜 그는 매일 점심시간을 이용해 1시간 30분씩 훈련했다. 처음 시작할 때는 하루에 3킬로미터 정도 달리는 것으로도 충분할 것이다. 뜨개질을 시작할 때 저녁에 30분밖에 시간을 낼 수 없을 수도 있다. 합리적으로 생각해야 한다.

3. **시간을 미리 정해 놓아라.** 취미나 자기 계발은 일상이 바빠지면 가장 먼저 우선순위에서 밀려날 것이다. 따라서 미리 일정을 세우고 시간을 할애해 두어야 한다. 매일 아침 6시 글쓰기, 8시

운동하기 등.

4. **앱을 활용하라.** '스트라이드Strides' 등의 앱으로 활동을 기록하고 추적한다. 책임감이 생겨서 취미가 습관으로 굳어진다.

5. **커뮤니티를 만들어라.** 내 친구 스탠은 '식스 필러스Six Pillars'라는 북클럽을 운영한다. 10~15명의 회원들은 매년 다양한 책을 읽는다. 커뮤니티는 뭔가를 포기하지 않고 계속할 수 있도록 해준다. 나 역시 홈 피트니스 앱 '펠로톤Peloton'으로 연결된 친구들 덕분에 힘들어도 포기하지 않고 운동을 계속하고 있다.

당신의 삶에는 어떤 취미 활동이나 자기 계발 활동이 있는가? 목록을 만들어 보자. 어떻게 하면 그것을 삶에 엮어 넣어 (그룹 활동, 엄격한 원칙, 장인 정신 추구 등을 통해) 더 큰 목적을 가지도록 할 수 있을까? 예를 들어, 달리기를 시작했다고 해보자. 모임에 들어가 달리기도 하고, 인간관계도 넓히고, 대회 출전을 목표로 실력을 더 키울 수 있지 않을까? 정원 가꾸기를 좋아한다면 주변에 함께할 사람(배우자, 손자 손녀, 친구 등)이 있는가?

아름다움
· · · · · · · · ·

우리 사회는 아름다움이 삶에 중요하다는 사실을 잃어버린 것 같다. 하지만 개인은 절대로 아름다움의 중요성에서 벗어날 수 없다.

나는 노먼 맥클린Norman Maclean의 소설 《흐르는 강물처럼A River Runs Through It》을 무척 좋아한다. 작가의 자전적인 이야기를 그린 그 소설을 좋아하는 이유는 여러 가지가 있다. 물론 아버지와 두 아들의 관계, 신앙과 자연의 관계를 깊이 탐구하기 때문이기도 하다. 하지만 그 책을 몇 번이고 다시 읽게 되는 이유는, 바로 미문으로 그려지는 자연의 아름다움이다. 맥클린이 문장으로 엮어 나가는 언어와 풍경이 무척이나 아름다워 계속 읽으며 음미하게 된다. 그 아름다움은 나에게 의미를 느끼게 한다.

아름다움과 행복의 상관성을 보여주는 연구들이 분명 있기는 하지만, 아름다움이 의미와 어떻게 연결되는지는 계측하기 어렵다. 그럼에도 우리는 아름다운 것들이 행복을 가져다준다는 사실을 직관적으로 알고 있다. 그것들은 삶에 내재된 초월성과 보다 심오한 의미의 존재를 우리 안에 불어넣는다. 저무는 해를 바라볼 때 삶이 더 의미 있게 느껴지는가? 미술관에서 훌륭한 작품을 감상하거나 아름다운 도시의 자갈 깔린 거리를 걸으면 삶의 목적과 살아있음이 느껴지는가? 나는 그렇다. 아름다운 것들은 우리에게 영감과 성찰의 기회를 준다.

아름다운 것을 바라보는 데서 그치지 않고 직접 창조할 때 목적이 커진다는 사실을 아는가? 나의 아내는 보컬과 기타 레슨을 받고 있는데, 스스로 아름다운 음악을 만들어낼 수 있다는 사실에 큰 성취감을 느낀다(게다가 아들에게 직접 기타를 가르쳐 주기까지 한다). 수채화 그리기, 정원 가꾸기, 시 수업 듣기 등은 의미 있는 취미가 아름다운 것을 창조하고자 하는 욕구와 합쳐진 것이다. 봉사 정신과 합쳐지면 지역 환경 미화 활동, 강 쓰레기 치우기, 예술 비영리 단체 활동 등으로 이어질 수 있다.

우리는 직장 업무나 집안일 때문에 지치고 힘들어서 주변의 아름다운 것들에 신경 쓸 여력이 좀처럼 없다. 예를 들어, 성공한 기업 변호사는 고객이 원하는 것을 처리해 주느라 지쳐서 사무실 복도에 걸린 그림이나 창밖의 스카이라인을 감상할 시간이 없다. 아이들 뒤치다꺼리를 하느라 정신없이 바쁜 맞벌이 부모는 잠시 아이들과 느긋한 시간을 보내며 아이들이 얼마나 아름다운 존재인지 음미할 시간이 없다. 하지만 바라보기만 한다면 거의 모든 것에서 아름다움을 찾을 수 있다. 사람마다 느끼는 아름다움도 다르다. 어떤 사람은 우뚝 솟은 산이 아름답다고 느낀다. 녹슨 트랙터 사진이나 시집에서 아름다움을 발견하는 사람도 있다. 원한다면 누구나 삶에 더 많은 아름다움을 들여놓을 수 있다. 미술관에 가거나, 자연 속을 거닐어 보라.

자녀, 파트너, 예술, 자연 등, 아름다움을 느끼게 하는 것을 3~5가지 적어 보라. 그것들이 아름다운 이유도 함께 적는다. 삶에 아름다운 것이 별로 없다고 생각되는가? 어떻게 하면 아름다움을 찾아볼 시간을 낼 수 있을까? 이번 달에 아름다움을 찾아보기 위해 할 수 있는 일을 2~3가지 생각해 본다. 아이들의 방과 후 활동을 줄이고 함께 보내는 시간을 늘리거나 한 달에 한 번 콘서트를 보러 가는 것이 될 수도 있다. 헤드폰으로 하루에 20분씩 음악 감상하기, 향초 켜 놓고 일하기, 매일 자기 전에 30분씩 소설책 읽기처럼 많은 시간을 할애하지 않고 꾸준히 할 수 있는 작은 일들도 있다.

직업

. . .

일은 목적이 발견되는 장소 중 하나가 아니다. 목적에 있어 가장 중요한 부분이다. 보통 사람들은 그 어느 곳보다 일터에서 가장 많은 시간을 보낸다. 따라서 일에 의미가 있어야만 목적과 즐거움의 균형이 이루어져서 번영하는 삶을 살 수 있다.

하지만 좀더 깊이 들어가 보면 일하는 행위는 의미와 자존감의 원천이기도 하다. 우리가 일에 대한 보수를 받는 이유는 어떤 필요를 충족시켜 주기 때문이다. 당신이 하는 일은 누군가에게 가치가 있다. 그 사람이 누구인지 분명하게 보이지 않을 수도 있고, 일 자체가 까다롭고, 진이 빠지며, 육체적으로 고될 수도 있다. 하지만 일에는 존엄성이 있고 목적이 있다. 우리는 일함으로써 세상에 가치를 더한다. 사소하거나 진부하게 느껴질지도 모른다. 보통은 하루하루 작은 목적의식을 느끼게 해주는 일이 아니라 거창한 의미가 있는 사명을 원할 테니말이다. 하지만 아무리 사소할지언정 세상에 보탬이 된다는 것은 실로 값진 일이다.

지금까지 배운 일에 의미를 더하는 방법에 관해 잠시만 생각해 보자. 당신이 가장 자랑스러워하는 일에서 이 세상 속 누군가에게 변화를 주는 것으로 보이는 3~5가지 지점을 발견할 수 있을까? 맡은 업무에서 특별히 뛰어나게 잘하는 일이 있는가?

종교와 철학

· · · · ·

전 세계 사람의 약 84%가 종교와 관련이 있다. 기독교(31.2%), 이슬람교(24.1%), 힌두교(15.1%), 불교(6.9%)의 4대 종교를 믿는 사람은 전부 합해 전 세계 인구의 77%인 57억 명이나 된다.[4] 종교와 연관된 사람들의 신앙심이 모두 똑같지는 않지만, 그래도 삶의 목적에 중요한 부분을 차지하는 가치관과 도덕성, 원칙은 종교적 전통에서 비롯된다. 종교는 사람들이 의미를 추구하는 수단인 한편으로, 신자들에게 관계를 제공하기도 한다. 그 관계는 복음주의 기독교인들이 믿는 것처럼 "신과의 개인적인 관계"이거나 불교에서 말하는 개인과 우주의 복잡한 관계이기도 하다. 예를 들어 퍼듀 대학교의 정종현은 신과의 관계가 기독교인들에게 삶의 의미를 더해 준다는 사실을 발견했다. 그의 연구에서는 다른 종교들까지 다루지는 않았지만 비슷한 결과가 나오리라고 추측해 볼 수 있다.[5] 실제로 내가 이 책을 쓰기 위해 인터뷰한 사람들의 대다수가 삶의 목적 만들기와 종교적 믿음에 연관성이 있다고 말했다.

나아가 종교가 없는 사람들, 가령 앞의 연구에서 종교와 아무런 관계가 없다고 밝힌 16%(또는 종교는 있지만 신앙을 실천하지는 않는 많은 이들)도 신앙인과 비슷하게 타인과 이어지게 해주는 인생 철학 또는 의미를 만드는 방법에 몰두한다. 임마누엘 칸트 Immanuel Kant 부터 존 스튜

어트 밀^{John Stuart Mill}에 이르기까지, 위대한 철학자들이 이 주제를 광범위하게 탐구했다. 연구에 따르면 무신론자의 대다수가 삶의 목적을 믿는다. 삶의 의미에 대한 믿음이 종교적 믿음을 가진 사람과 그렇지 않은 사람에게서 비슷하게 나타난다는 연구 결과도 있다.[6]

이것은 무엇을 의미할까? 간단히 말하자면 종교나 철학에서 의미를 캐내는 것이 보편적이고 유익한 일이라는 뜻이다. 종교나 철학의 고유한 가치(타인에 대한 봉사, 자연과의 연결 등)를 기반으로 삶에서 의미를 찾든, 신과의 관계에서 의미를 찾든 간에 말이다. 종교적·철학적 실천에서 파생된 의미와 목적을 명백하게 성찰하고, 그것이 삶의 다른 부분이나 인간관계에 어떻게 표현되는지 살펴보는 것은, 인생 전반에 목적과 일관성을 마련해 주는 강력한 도구이다.

당신은 어떤 철학이나 신념, 종교 시스템을 참고해 세상을 이해하는가? 단숨에 대답할 수도 있고 곰곰이 생각해 봐야 할 수도 있다. 어떤 종교나 철학에 영향을 받는지 생각해 보고 거기에서 말하는 좋은 삶 또는 의미 있는 삶이 무엇인지 적어 보자. 잘 모르겠다면 그 종교나 철학이 삶의 의미를 어떻게 바라보는지 한두 문단으로 설명할 수 있을 때까지 조사해 본다. 삶의 중요한 활동이나 인간관계에 그 틀을 적용하는 방법도 3~5가지 적는다.

봉사

...

줄리사 카리엘로 Julissa Carielo는 건축을 좋아한다. 부모님은 그녀가 태어나기 전에 멕시코에서 미국 텍사스로 이민을 갔다. 줄리사의 형제자매는 모두 여덟 명이나 된다. 그녀는 대학 진학에 대해 전혀 생각해 본 적이 없었다. 그런데 16세 때 지역의 축구팀에 들어가 변호사, 교사, 회계사, 광고회사 임원 등 여러 전문직에 종사하는 여성들을 만나게 되면서 큰 영감을 받았다.

줄리사는 세인트 메리 대학교에서 회계학을 전공하고 건축 회사의 재무팀에 들어갔다. 그 뒤로 부장, CFO(최고재무책임자), 재무 행정 부문 부사장까지 올랐다. 하지만 35세이던 2006년, 그녀는 변화의 필요성을 깨달았다. 곧장 아무런 대책도 없이 퇴직 연금에서 7만 5천 달러를 인출해 건설 회사를 세웠다.

줄리사는 일 이야기를 할 때면 표정이 밝아진다. 그녀에게 일은 단순히 건물을 짓는 것이 아니라 지역사회에 대한 봉사를 의미한다.

———— 저는 지역사회 중심의 프로젝트를 좋아합니다. 지역사회에 더 좋은 공간을 선사하는 프로젝트를 정말 좋아하지요. … 전 항상 지역 업체들과 일하는 것을 고집합니다. 우리 지역이 스스로 성장을 계속해야 하니까요. … 그들은 우리의 이웃입니다. 당연히 이웃을 먼저 도와야 하지 않겠어요?

줄리사는 일을 사랑하고 일에서 의미를 느끼지만, 동시에 항상 뭔가 부족하다고 생각했다. 어릴 때 영감을 주고 꿈을 꾸게 해준 축구팀의 전문직 여성들처럼. 그녀도 열악한 환경에 놓인 기업가들에게 영감을 주고, 봉사를 하고 싶었다. 그래서 사업 성공으로 번 돈을 투자해 2016년에 샌안토니오에 마에스트로 기업가정신 센터 Maestro Entrepreneur Center 를 열었다.

———— 창업한 회사가 10주년을 맞이한 해 저는 폐교한 초등학교를 인수해 비영리 기업 마에스트로 기업가정신 센터를 세우기로 했습니다. 소규모 기업들의 성장을 도와주기 위해서였죠. 먼저 마에스트로들을 모으기 시작했어요. 봉사하고 가르침을 나눠줄 샌안토니오 지역의 성공한 기업가들이었죠. … 우리는 모든 분야의 수많은 기업가를 교육합니다. 센터 자체가 각 업종에 따라 건물이 나뉘어 있죠. 건축, 외식, 전문 서비스 등 … 기업가들이 지역사회와 연결되고, 주민들도 지역 기업들을 알아갈 수 있도록 매우 다양한 행사를 열고 있습니다. 소규모 그룹 교육과 일대일 멘토링도 제공되죠.

이 센터는 중소기업을 운영하는 퇴역군인과 여성, 소수민족 기업가들의 사업 확장과 성장을 돕는 데도 전념하고 있다. 줄리사는 건설 회사는 직원들과 지역사회에 봉사하는 일이고, 마에스트로 기업가정신 센터는 봉사에 깊이를 더하는 방법이라고 생각한다.

마에스트로 기업가정신 센터 둘러보기

지역사회 봉사는 목적을 추구하는 모든 사람의 삶에 들어갈 수 있다. 주변에서 가장 목적의식이 강하고 충만한 삶을 사는 사람을 떠올려 보자. 분명 그 사람의 삶에는 봉사활동이 중요한 부분을 차지할 것이다. 무료 급식소나 양로원에서의 봉사, 비영리 단체 이사회 활동, 자선 활동 등. 봉사는 저마다 다양한 방식으로 이루어질 수 있다. 개인적으로 이웃에게 식사를 대접하거나 도움이 필요한 사람에게 도움의 손길을 내미는 것도 해당된다. 그러나 어떤 식으로든 의미 있는 삶에는 봉사가 꼭 들어가 있다.

적극적인 자원봉사 활동은 사망률 감소나, 높은 자존감 및 행복감과도 관련이 있다.[7] 어느 설문조사에서는 응답자의 96%가 자원봉사가 목적의식을 높여 준다고 답했으며, 자존감을 올려 준다고 한 사람들은 94%였다. 또한 이 설문조사는 자원봉사와 건강 증진, 스트레스 감소, 기분 향상과의 연관성도 보고했다.[8] 봉사에는 '자원봉사 활동'만 포함되는 것이 아니다. 앞에서 살펴본 것처럼 우리의 봉사 대상은 동료, 가족, 교회 등으로 매우 다양할 수 있다. 나는 그런 봉사도 연구에서 다루어진 일반적인 자원봉사 활동만큼 긍정적인 효과가 있으리라고 생각한다.

그러나 충격적이게도, 우리는 스스로 삶을 고립시키고 있다. 단 하나의 목적이 될 것 같은 사명을 찾아 헤매느라 지역사회 활동이 가져올 수 있는 강렬한 의미를 놓친다. 자신이 속한 공동체에서 활발하게 활동하고 주변 친구들에게 도움을 베풀면서도, 거기에 담긴 봉사의 중요성에 대해서는 깊이 생각하지 않거나 대수롭지 않게 여긴다. 하지만 타인을 돕는 봉사활동이나 가족과 친구에게 쏟는 관심은 삶에서 의미를 발견하는 아주 중요한 방법이다. 이런 일들을 활발하게 하고 있는 사람이라면, 내가 다른 사람들의 삶에 끼치는 긍정적인 영향에 대해 생각해 보자. 만약 남들에게 시간을 별로 투자하지 않는다고 생각된다면 지금이 바로 의식적으로 봉사에 더 많은 시간과 에너지를 쏟는 방법을 고민해 볼 적기다.

지금 하고 있는 유의미한 봉사활동과 직장에서 타인에게 하는 봉사를 모두 적어 본다(직장에서의 봉사는 나중에 더 자세히 알아볼 것이다). 목록이 짧아도, 길어도 상관없다. 세 개밖에 없을 수도 있고 백 개나 될 수도 있다. 공식적인 자원봉사 활동뿐 아니라 남에게 해주는 작은 일들도 전부 포함시켜라. 친척에게 안부 전화를 걸거나, 친구의 이사를 돕거나, 조카를 잠깐 돌봐 준다거나 하는 일이 모두 해당된다. 목록이 길 경우, 어떻게 하면 자신이 남들에게 끼치는 긍정적인 영향을 되새기고 감사할 시간을 자주 마련할 수 있을지 고민해 보자. 목록이 짧은 사람은 이번 달에 실천할 수 있는 봉사 아이디어를 2~3가지 생각해 보면 된다. 어떻게 하면 봉사를 계속 중요한 우선순위로 둘 수 있을까?

삶의 어디에나 의미가 있다

· · · · · · · · · · · · · · · · · · ·

진정 번영하는 삶을 살기 위해서는 다양한 목적의 원천이 필요하다. 여러 원천을 돌아보면서 각각에 충분한 관심을 쏟는다면, 보다 활기차고 성취감 있는 삶을 살 수 있다. 'LABORS(사랑, 취미와 자기 계발, 아름다움, 직업, 종교와 철학, 봉사)'는 누구나 쉽게 접근하고 키워 나갈 수 있는 가장 핵심적인 의미의 원천이다. 의미가 다양한 곳에서 나온다는 사실은 의미를 찾을 수 없어 막막할 때도, 우리 삶에는 틀림없이 진정한 목적이 존재하고 있음을 되새기게 해준다.

삶에 아무런 목적이 없는 것 같은가? 사명이 결여되어 있음이 괴로운가? 그렇다면 LABORS를 살펴보기 바란다. 의미를 캐낼 때는 시야를 넓게 가져야 한다. 우리는 삶의 목적을 커리어와 관련된 것으로만 좁게 생각하는 경향이 있는데, 진실은 목적을 찾을 기회가 삶의 모든 영역에 존재한다는 것이다. 내 삶과 타인의 삶에 모두 의미를 가져다 주는데도 과소평가되고 있는 일은 없는가? 분명히 있을 것이다. 목적은 당신 바로 옆에, 매일 있을 수 있다는 사실을 꼭 기억하자.

마지막으로, 당신이 꾸린 팀원들이나 가까운 주변 사람과 이 장의 내용과 당신의 답변에 대해 이야기해 보라. 목적에 어떤 다양한 원천이 있고, 어느 부분에 더 투자할 수 있을지 진솔한 대화를 나누도록 한다.

06
. . . .

목적은 바뀐다

행복을 위한 황금 갈피

🪶 변화하는 의미 　 🪶 절대 타협 불가능한 것

🪶 현명하게 내려놓는 법

제프 헥은 누구나 부러워할 만한 멋진 사람이다. 예전에는 가는 금발을 올백으로 묶어 올린 록 뮤지션으로 활동했으며, 지금은 애틀랜타에서 가장 잘나가는 수제 양조장을 운영하고 있다. 내 생각에 평생 멋졌을 제프지만, 그의 삶과 목적은 단계별로 변화를 거쳤다.

세상 모든 것을 스펀지처럼 흡수하던 어린 시절에는 공부, 탐험, 놀이, 모험이 삶의 목적이었다. 오하이오주 힉스빌에서 의사로 일하던 제프의 아버지는 가족을 데리고 일 년 동안 케냐로 의료활동을 떠났다가, 귀국해서는 오하이오주 신시내티 교외의 작은 동네에 자리 잡았다. 어린 시절의 제프는 앞으로 삶의 발판이 되어줄 교훈을 배웠다. 가족, 믿음, 친절, 호기심 그리고 헌신이었다.

대학 시절에는 상황이 바뀌었다. 제프가 직접 이야기한다.

―――― 하버드 입학은 매우 흥미로운 전환이었습니다. 왜냐하면 12년 동안 작은 동네에 살면서 항상 익숙한 것들만 접했었기 때문이죠. 하버드에 가니 날 아는 사람이 한 명도 없더군요. 단 한 명도. 조금 무섭기도 했어요. 내면을 들여다보고 "나는 진정 어떤 사람인가?"라는 질문을 던져야 했으니까요.

자기 자신과 주변 세상을 탐구하는 것이 그의 목적이 되었다. 친목과 학문 목적의 동아리를 두루두루 경험했으며, 심리학에 대한 애정을 발견했다. 또 미래의 아내인 한나를 만나고, 진지하게 음악에 매진하기도 했다. 탐구 과정에서 자연스럽게 진로 고민도 생겼다. 제프에의하면, 그는 이런 것들을 할 수 있었다. "첫째, 의대 입학. 둘째, 신학대 입학. 셋째, 록 밴드 멤버들과 투어 떠나기. 넷째, 사업하기. 무척 혼란스럽고 복잡했죠." 그런데 어찌 된 일인지 이 심리학자, 록 뮤지션, 미래의 신학자는 졸업 후 DIY 인테리어 자재 기업 홈 디포^{Home Depot}에서 재무 관련 일을 하게 되었다.

제프의 행복 만나보기

#1   멋진 록커로서의 제프

그 후 10년 동안은 헌신과 지역사회가 제프의 인생에서 중요한 부분을 차지했다. 그는 홈 디포에서 열심히 일하며 재무 기술을 갈고닦은 끝에, 사모펀드 기업 로어크 캐피탈^{Roark Capital}로 옮겨갔다. 한나와의 사이에 4명의 자녀를 두었는데, 그중 아들 테디에게는 다운증후군이 있다. 제프는 그냥 아빠가 아니라 훌륭한 아빠가 되었다.

동시에 또 다른 커다란 변화의 씨앗이 심어졌다. 그 기간에 제프는 월요일 저녁마다 모이는 소규모 성경 공부 모임에서 활동했는데, 우연히 회원들과 재미 삼아 맥주를 직접 만들어 보기로 했다. "얼마 안 돼서 우리는 성경 공부보다 맥주 만들기에 더 열을 올리고 있었습니다. 자연스럽게 이웃과 동료들을 불러 우리가 만든 맥주를 마시기 시작했죠." 4년 동안 제프에게 수제 맥주 만들기는 친구와 이웃을 만나고 공동체를 구축하는 방법이었다. 그러다 2011년, 그와 친구들은 그것을 사업으로 바꿔 보기로 했다. 그렇게 먼데이 나이트 브루잉^{Monday}

^{Night Brewing}이 탄생했고, 제프가 CEO를 맡았다.

취미로 시작한 일이지만 지금은 애틀랜타에 대형 양조장을 두 곳이나 두고 있다. 먼데이 나이트의 맥주는 미국의 종합 유통업체 타겟^{Target}의 전국 매장과 남동부 전역의 술집, 레스토랑에서 판매된다. 젊고 세련된 분위기의 양조장은 언제나 사람들로 북적거린다. 하지만 안으로 들어가는 순간, 단순한 수제 맥주 업체가 아니라는 것을 알 수 있다. 창업자들은 기업 사명에 대해 이렇게 말한다. "먼데이 나이트 브루잉이 존재하는 가장 근본적인 이유는, 미국 최고의 맥주와 함께 사람들의 관계를 돈독하게 만들기 위해서입니다."

먼데이 나이트 브루잉 양조장의 거의 모든 곳에도 이런 창업자들의 뜻이 잘 반영되어 있다. 그곳에는 개인이나 단체가 대여할 수 있는 커다란 공동 공간이 있다. 자선단체의 행사에 무료로 빌려주기도 한다. 1호 양조장 '개러지^{The Garage}'에는 전통에 따라 손님들이 잘라 놓고 간 넥타이가 다닥다닥 걸려 있다. 신설된 2호 양조장 벽에는 손님들이 적어 둔 메시지가 가득하다.

제프의 행복 만나보기

#2   먼데이 나이트 브루잉 '개러지' 투어

제프의 목적은 무엇일까? 가족? 공동체? 먼데이 나이트 브루잉? 제프의 이야기는 우리 모두의 이야기이기도 하다. 우리가 그렇게 찾고 싶어 하는 삶의 목적은 단 하나가 아니고 고정적이지도 않다는 진실을 보여주기 때문이다. 목적은 시간이 지날수록 무르익고, 목적의 원천 또한 성장한다. 계속 그대로 남는 것들도 있지만 잠깐 마음에 와 닿았다가 희미해지는 것들도 있다. 우리가 성장하면서 다른 모습으로 표현되기도 한다.

목적의 변화에 대처하는 방법

"내 삶의 목적은 어떻게 찾을 수 있을까?"

나는 당신이 이미 지금까지 살아오면서 많은 목적을 찾고, 만들고, 또 버려 왔으리라고 확신한다. 그런 자연스러운 성장과 발달 과정은 우리에게 활력을 준다. 앞에서 배운 것처럼, 모든 사람에게는 크고 작은 목적의 원천이 아주 많다. 이제부터 우리는 다양한 목적이 생겨나고, 살아가고, 진화하고, (때로는) 사라진다는 사실을 이해하고 기꺼이 받아들이는 법을 배울 것이다.

목적은 시간이 지나면서 변한다. 목적의 변화는 취미나 관심사가 바뀔 때 사소하게 일어난다. 어린 딸이 자라 독립적인 성인이 되고 엄마가 되면서, 관계에도 변화가 생긴다. 우정도 시간이 지나면 변한다. 경력이 쌓이면서 점점 위로 올라갈 때나, 완전히 다른 여러 직종을 오갈 때도 마찬가지다. 외부 환경이나 삶의 어떤 사건이 목적과 의미를 다시 생각하게 하기도 한다.

변화하는 의미에 대처하기는 쉽지 않을 수도 있다. 중요했던 일이나 사람에게서 더 이상 의미가 느껴지지 않게 되어버리면, 당연히 당혹스럽고 불안할 것이다. 더욱더 온 마음을 쏟아야 할 것과 그만 내려놓아야 할 것을 올바르게 구분하는 것은 복잡하고 미묘한 문제일 수 있다. 새로운 의미를 어디에서 찾아야 할지 알기도 쉽지 않다.

이 장에서 나는 네 부분으로 구성된, 변화하는 목적을 탐색하기 위한 간단한 틀을 제시할 것이다. 이 장의 끝부분에 나오는 '의미의 변화 포용·감지하기' 템플릿을 활용하면, 한자리에서 모든 답을 볼 수 있다.

 변화하는 목적 탐색하기

	무슨 뜻일까	실제 어떤 모습일까
영원한 것을 찾아라	타협할 수 없는 헌신의 대상이자 영원한 의미를 주는 것들. 인생의 닻.	일반적으로 종교나 철학적 신념, 배우자, 자녀, 심신 건강 등. 천직이나 사명도 포함될 수 있지만 그렇지 않은 경우가 많다.
변화를 유심히 살펴라	자연스러운 삶의 변화가 찾아올 때 목적과 의미도 바뀔 수 있다.	예상하거나 예상치 못한 삶의 큰 변화가 해당한다. 고등학교나 대학교 졸업, 결혼, 출산, 취직, 해고, 은퇴, 손주의 탄생, 새로운 커리어 등.

정체기를 거부하라	지루함, 단조로움, 고역을 그냥 내버려 두지 않는다.	잡 크래프팅이나 새로운 취미 활동, 새로운 친구나 동료와의 관계, 커리어 관련 새로운 도전 등을 통해 삶에 변화를 준다.
내려놓는 법을 배워라	어떤 일이 더 이상 목적이나 즐거움을 주지 않을 때나, 삶의 다음 단계로 넘어가야 할 때를 알아차릴 수 있어야 한다.	육체적으로 감당하기 어려워진 스포츠 그만두기, 퇴사하거나 직종 전환하기, 바람직하지 않은 관계 정리하기, 어떤 취미를 완벽하게 익힌 뒤 새로운 취미를 찾기 등.

첫째. 영원한 것을 찾아라

한번은 나의 멘토가 물었다. "세상에서 오직 자신만이 할 수 있는 일은 무엇일까?" 그의 대답은 "내 자식의 생물학적 부모가 되는 것" 이었다. 맞는 말이다. 아내는 새로운 남편을 만날 수 있고, 회사는 더 유능한 직원을 고용할 수 있다. 하지만 내 자식의 생물학적인 아빠는 세상에서 오로지 나만이 가능한 일이다. 아이들에 대한 나의 헌신은 언제까지나 영원하다. 이것은 내가 일찌감치 정해 놓은 내 삶의 중요한 의미이며, 결코 버리지 않을 무엇이다. 종교적 신념과 결혼생활, 몸과 마음의 건강도 언제까지나 내 삶에 의미를 주는 것들이고 절대 타협 불가능하다. 영원한 삶의 의미는 누구에게나 있다. 하지만 의식적으로 찾아내고, 꾸준히 시간을 투자해야 한다. 내가 이런 것들에서 의미를 얻는 방식은 바뀔 수도 있다. 현재 나의 결혼생활은 10년 전과는 다른 모습이다. 아빠로서의 역할도 아이들이 성장함에 따라 변화가 생길 것이다. 하지만 도전과 시련을 마주하고 적응하면서 역할의 특징과 목적이 바뀌는 것이지, 역할 자체가 바뀌는 것은 아니다.

당신의 삶에서 절대로 타협할 수 없는 것은 무엇인가? 심리학자인 나의 아내는 그런 것들에 대한 헌신을 '결정된 사랑decision love'이라고 부른다. 순간의 감정이나 그때그때 상황에 따라 이루어지는 헌신이 아니라 이미 정해진 결정에 따른 헌신이기 때문이다. 영원한 헌신의 대상은 극히 드물지만, 매우 중요하다.

인생의 닻이 무엇인지 생각해 보라(독창성을 발휘할 이유가 전혀 없는 문제다). 배우자나 파트너에게 헌신하기, 애정 넘치는 부모 되기, 좋은 친구 되기, 독실한 신앙심 지키기 같은 대답이 가장 많이 나올 것이다. 직업이나 취미생활이 포함될 수도 있다. 나는 앞으로 계속 작가로 성장하는 것이 목표인데, 잠깐 방황할 때마다 그 목표를 떠올리면서 다시 중심을 잡는다. 삶에 의미와 목적을 주는, 영원히 변치 않을 헌신 대상에 뭐가 있는지 적어 보자. 그것들은 당신의 목적 있는 삶의 기반이자 절대로 소홀히 해서는 안 되는 일들이다. 잠시 시간을 들여, 각각의 옆자리에 지금 충분히 헌신하고 있는지 더 자세하게 써 둔다.

둘째. 변화를 유심히 살펴라

모든 사람의 인생에는 크고 분명한 변화가 나타난다. 졸업, 첫 취직, 새로운 친구, 결혼, 자녀의 탄생, 진로 선택, 직종 변경, 은퇴 등이 그러하다. 개인에 따라 좀더 구체적인 변화가 나타나기도 한다. 큰 깨달음이나 건강 이상으로 삶에 변화가 생기거나, 예상치 못한 일을 계기로 삶의 방향이 완전히 달라질 수도 있다. 이런 변화는 절대로 애매모호하지 않고 명백하다.

과도기에 접어들었다면, 시간을 할애해 삶의 목적을 되돌아보는 시간을 가져야 한다. 변화에는 으레 새로운 삶의 의미가 따라오므로, 그것을 찾고 캐내고 다듬을 필요가 있다. 예를 들어, 부모나 조부모가 되는 것은 삶을 송두리째 바꾸는 의미의 원천이 된다. 사랑하는 사람을 잃는 경험도 마찬가지다. 졸업과 취직은 독립적인 사고방식으로의 변화를 요구하는데, 많은 이에게 그것은 정기적인 성찰과 자기 발견을 동반하는 삶의 대전환기이다. 공부를 계속하기 위해 직장을 그만두는 일 역시 중요한 자기 발견으로 이어진다. 이직이나 전근, 직종 변경은 새로 맡은 역할에서 최대한 큰 의미를 찾을 방법을 깊이 고민하게 만든다. 이는 우리가 이 책에서 중요하게 다루는 주제이기도 하다.

하지만 새로운 국면을 마주하고 새로운 의미의 원천을 받아들인다는 것은, 달리 말해 기존의 의미를 내려놓아야 하는 것일 수도 있다. 직장을 옮기면 그동안 중요하게 생각하고 투자해온 조직과 사람들에게 작별을 고해야 한다. 졸업하면 친구들과 헤어져야 하고, 공부에 대한 생각이나 탐구 열정을 내려놓아야 할 수 있다. 은퇴 이후 새로운 삶의 의미를 찾을 마음의 준비가 되어 있지 않으면 큰 상실감을 느낄 것이다. 좀더 자세히 살펴보겠지만, 모든 변화에는 새로운 것을 받아들이고 오래된 것을 버리는 일이 꼭 필요하다.

지금 삶의 과도기에 놓여 있는가? 바로 이전 단계에서는 의미를 어떻게 채굴했고 만들었는지, 앞으로 여기에 어떤 변화가 있을지 생각해 보자.

셋째. 정체기를 거부하라

정체기는 누구에게나 찾아온다. 정체기라고 해도, 때때로 사소할 수 있다. 맡은 역할이나 프로젝트에 싫증이 나서 시간과 에너지를 쏟아붓기가 힘들어진 정도일지도 모른다. 하지만 악명 높은 '중년의 위기'처럼, 대단히 심각한 정체기도 있다. 공부, 연애, 결혼, 출산, 취직, 진로 결정 등, 삶의 중요한 변화는 대개 30~40대에 일어난다. 하지만 그 후에는 보통 약 20년 동안 별다른 변화가 일어나지 않는 시기가 이어진다. 변함없이 경력을 계속 쌓아 나가고 가족과 친구들에게 시간을 쏟는다. 그 기간은 단조롭고 정체된 것처럼 느껴질 수 있다.

그런 느낌이 드는 것은 매우 자연스러운 일이다. 단, 무조건 체념하고 수용해서는 안 된다. 이 책에서 가장 강조하는 사실을 떠올려 보자. 목적은 만드는 것이고 여러 가지가 있을 수 있으며 시간이 지날수록 변한다는 것. 따라서 정체기가 오히려 선물이 될 수도 있다. '목적 크래프팅'이 필요하다는 신호인 것이다.

정체된 듯한 기분이 느껴진다면 시간을 들여 그 이유를 성찰해 보자. 업무에서 아무런 도전 의식도 느끼지 못한다거나, 어떤 취미가 시들해졌다거나, 책임과 의무에 쫓기느라 즐겁게 몰입할 수 있는 일에 쏟을 시간이 없을 수 있다. 어쩌면 의미 있는 일에 열성을 다하는 것이 아니라 그냥 설렁설렁 하루를 보내고 있을지도 모른다. 정체감은 삶의 의미를 가져다줄 새로운 기회가 있는지 현재 상황을 둘러보라는 신호다. (지금 변화가 필요한 때인지 아는 방법은 다음 글 '내려놓아야 한다는 신호'를 참고하라.) 해결책은 기존의 방식에 약간 변화만 주는 것 정도로 간단할 수도 있지만, 직종 변경처럼 복잡할 수도 있다. 하지만 정체감을 느낀다면 어느 쪽이든 시도해 볼 가치가 있다.

침체는 자연스러운 현상이지만 절대로 그냥 체념하듯 받아들이면 안 된다. 직접 변화를 만들어라. 정체된 듯한 기분을 느낀다면 다음의 몇 가지 질문을 던져 보자.

① 내가 지금 가장 지루함을 느끼는 것은 무엇인가? 그 이유는?

② 가장 큰 흥분감과 도전 의식이 느껴지는 것은 무엇인가? 그 이유는?

③ 위험을 무릅쓸 필요가 있는 삶의 영역이 있는가? 어떤 두려움이 도전을 막고 있으며 어떻게 하면 없앨 수 있을까?

④ 내 삶에 변화가 필요한 부분이 있는가?

이렇게 의식적으로 변화에 접근하면 열정이 생겨서 변화가 두렵기보다 오히려 기대로 다가올 것이다.

내려놓아야 한다는 신호

살다 보면 그동안 큰 의미를 느끼게 해주었던 무언가를 내려놓아야만 하는 힘든 결정이 필요한 순간이 온다. 그때가 언제인지 알려 주는 절대적인 규칙 같은 것은 없다. 사람은 저마다 다르기 때문이다. 하지만 내려놓아야 할 때라고 말하는 몇 가지 신호는 있다.

1. **생각만으로 두려움이 느껴질 때**

   정말로 좋아하는 일이었지만 시간이 갈수록 지쳐서 아침 출근길이 너무 힘들었던 경험이 있다. 어떤 일에 대해 자주 두려움이 느껴진다면 변화를 주거나 그만두어야 할 때라는 뜻이다.

2. **어떻게든 피할 방법을 찾으려고 할 때**

   글쓰기를 무척 좋아하는 친구가 있었다. 그런데 그녀는 언제부터인가 글쓰기가 싫어져서 어떻게든 피할 방법을 찾기 시작했다. 결국, 다시 좋아지려면 당분간 휴식이 필요하다는 사실을 깨달았다. 물론 전력을 다해 밀고 나가서 긍정적인 습관으로 굳혀야 할 때도 있다(필요성은 잘 알지만 시작하기가 힘든 운동처럼). 하지만 의미가 고갈되었다는 사실을 깨달았다면, 잠깐 또는 영원한 휴식이 필요하다. 그래야 새로운 의미도 찾을 수 있다.

3. **몸이나 마음이 고통스러울 때**

   나는 그렇게나 좋아하던 농구를 그만두었다. 그만두어야 할 때라고 내 몸이 말해 주었기 때문이다. 몸이나 마음의 고통은 변화가 필요하다는 매우 명백한 신호다.

4. **개인적인 성장에 도움이 되지 않을 때**

   최고의 운동선수들은 신체 훈련의 다양성을 꾀하고 루틴에 극적인 변화를 준다. 무언가를 반복하다 보면 어느 순간 성장이 멈춰버리기 때문이다. 더 이상 성장을 도와주지 않는 목적이라면 응당 변화를 주어야 한다.

5. **나쁜 습관을 들이게 만들 때**

    좋지 못한 기업 문화가 뿌리 박힌 직장에서 일하는 친구가 있었다. 그는 윤리적이지 않거나 올바르지 않다고 생각하는 행동을 어느새 평상시에도 하게 되는 자신을 발견했다. 친구는 즉시 그 회사를 그만두었다. 무엇인가가 당신을 목적의식과 멀어지게 만든다면, 그만두어야 한다는 뜻이다.

6. **목표한 것을 이루었을 때**

    사업상 아는 사람 중에 전직 NFL(미식축구리그) 선수가 있다. 인생 첫 단계에서 그에게 미식축구보다 중요한 것은 없었다. 스포츠가 삶의 소중한 의미를 느끼게 해주었다. 하지만 선수 생활을 은퇴한 뒤에 그는 만족스러웠던 시간을 뒤로 하고 새롭게 시작할 준비가 되어 있었다. 목표한 바를 이루었으면 새로운 목적으로 나아가야 한다.

물론 그 밖에 다른 신호들도 있다. 좀더 신중하게 접근해야 하는 결정도 있다. 예를 들어, 직장 관련 문제는 취미 활동보다 신중해야 한다. 어쨌든 내려놓을 줄 알아야만, 시간이 지남에 따라 목적이 자연스럽게 변하고 삶에 활력도 생길 수 있다.

넷째. 내려놓는 법을 배워라

대학원 2학년 때, 아내는 나를 앉히더니 껄끄러울 수 있는 이야기를 꺼냈다. 그때 나는 지인들과 농구를 하다가 또 목발 신세가 된 참이었다. 농구는 오랫동안 내 인생의 큰 부분을 차지했다. 고등학교 때 유일하게 즐긴 스포츠였고, 공동체를 만들고 친구를 사귀는 방법이기도 했다. 워낙 자주 해서 체력을 가꾸는 수단으로도 중요했다. 하지만 발목에 영구적인 손상을 입은 탓에, 농구를 할 때마다 발을 삐끗해서 일주일 이상 절뚝거리곤 했다.

지혜로운 아내의 눈에는 내가 미처 보지 못하는 것이 보였던 모양이다. 그동안 나를 지탱해 주었던 농구를 이제 나의 건강과 가정의 평화를 위해 그만두어야 할 때라고. 아내는 말했다. "존, 이제 농구를 그만둬야 할 때야." 듣자마자 심장이 쿵 내려앉는 기분이었지만, 옳은 말이라는 것을 알 수 있었다. 그만 내려놓아야 할 때가 맞았다. 그 이후로 농구를 한 번도 하지 않았다(어린 아들과 가볍게 공 던지기를 할 때는 있지만). 하지만 곧 또 다른 취미와 새로운 체력 단련 방법을 발견했고, 삶도 더 건강해지고 의미 있어졌다.

큰 의미를 가져다주었던 무언가를 내려놓거나 그만둔다는 것은 쉽지 않은 일이다. 물론 농구공을 내려놓거나 기존의 취미와 작별하는 것은 상대적으로 그리 어렵지 않을 수도 있다. 하지만 직장을 그만두거나 해로운 관계를 끊어내는 일은 훨씬 더 어렵다. 특히 그동안 많은 시간과 노력을 쏟아 부은 일이라면 더더욱 포기가 힘들다. 법에 지친 변호사가 7년이라는 시간과 엄청나게 비싼 등록금을 투자한 직업을 쉽게 그만둘 수 있을까? 베테랑 마케터가 수십 년 경력을 포기하고 다른 일을 처음부터 시작하는 것이 과연 쉬울까? 친구들도 있고 모든 것이 익숙한, 오랫동안 살아온 지역을 떠나 낯선 곳으로 이사하는 것도 마찬가지다.

우리는 과거의 헌신이 우리의 현재와 미래를 결정하게 내버려 둘 때가 많다. 경험과 익숙함, 위험 회피 경향이 우리를 정해진 길에 단단히 붙어 있게 만든다. 하지만 내려놓는 스트레스를 조금이나마 경감

121

해 줄 방법들이 있다.

1. 감정을 주의 깊게 진단하라

첫째, 내려놓거나 그만두어야 한다고 느끼는 이유를 자세하게 짚어 본다. 그것을 완전히 포기하는 것이 진정 합리적인지, 핵심은 그대로 둔 채 약간의 변화만 주어야 하는지를 가늠한다.

예를 들어, 투자 분야에 종사하는 한 친구는 일이 점점 지겨워진 나머지 그 분야를 완전히 떠날까 고민했다. 하지만 알고 보니 그가 정말로 지겨워진 것은, 성과보다 사내 정치가 더 중요한 대규모 상장 기업에서 일하는 것이었다. 따라서 친구에게 정말 필요한 조치는 똑같은 직종에서 일하되 리더십과 주인 정신을 더 중요시하고 자신과 더 잘 맞는 문화를 가진 기업으로 옮기는 것이었다.

법이 싫증 난 변호사는 전혀 다른 분야인 제빵이나 자영업에 도전해야 할 수도 있지만, 다른 상황에서 다른 목적으로 법을 활용하는 방법을 찾아볼 수도 있을 것이다. 무언가를 그만두기 전에 그만두고 싶은 이유를 찬찬히 짚어 봐야 한다. 그래야 자신에게 맞는 일인데 성급하게 그만두는 불상사를 피할 수 있다. 어떤 일을 끝낼 때는 올바른 이유가 있어야 한다.

2. 장단점을 현실적으로 평가하라

사람들은 당신에게 흔히 "열정을 따르라."라고 말할 텐데, 실은 경솔한 조언이다. 변화를 결심했다면 새로 가려는 길이 현실적으로 어떤 모습일지 생각해 보는 것이 첫 번째가 되어야 한다. 예를 들어, 비영리 기업에서 일하고 싶은 투자 은행가라면, 그 변화가 자신의 미래에 실질적으로 어떤 의미인지 살펴봐야 한다. 경제적 보상이 줄어들고, 새로운 리더십을 배워야 하며, 완전히 새롭게 시작해야 할 수도 있다. 처음의 낙관주의가 사라진 뒤에도 현실은 계속될 터이니, 신중해야 한다. 상황을 현실적으로 진단해 보지도 않고 직장이나 지역사회, 인간관계를 떠난다면, 자신은 물론 그 누구에게도 이로울 것이 없다. 착지할 곳을 제대로 알지 못하면 아무리 크게 도약해도 소용없다.

3. 미래를 내다보고 위험을 감수하라

이사, 직종 변경, 취미 그만두기, 관계 끊기 등에 대해 현실적으로 고려해 본 뒤 위험을 감수할 가치가 있다는 결론에 이를 수도 있다. 최근 40대 초반의 동료가 내게 "20년 동안 일한 회사를 어떻게 떠날 수 있겠어요?"라고 물었다. 그에 답하는 대신, 나는 역으로 이렇게 물었다. "이것은 앞으로 당신의 20년을 바치고 싶은 일입니까?" 과거는 과거일 뿐이다. 예전에 목적을 주었던 것들이 이제는 아무런 의미가 없어졌을 수도 있다. 과거가 현재와 미래를 결정하게 두면 인생의 잠재력을 빼앗긴다. 지난 20년 동안 중요했다는 이유만으로 더 이상 아무런 목적도 즐거움도 주지 못하는 것에 또 20년을 쏟을 수는 없다.

에이모 토울스Amor Towles는 내가 가장 좋아하는 현대 작가 중 한 명이다. 사실 그는 1991년부터 2012년까지 성공한 금융 기업의 임원이었다. 하지만 첫 소설 《우아한 연인Rules of Civility》이 성공을 거두자, 금융계를 떠나 전업 작가의 길을 걸었다. 그 후《할리우드의 이브 ^Eve in Hollywood》,《모스크바의 신사 ^A Gentleman in Moscow》를 내놓았다. 소설책 한 권이 성공했다고 직장을 그만둔 것은 분명 위험천만한 결정이었을 터다. 21년간 쌓아온 커리어와 지식을 포기하는 셈이었으니 말이다. 하지만 아마 그에게는, 그저 새로운 목적으로 나아갈 시간이었을 것이다. 그의 대담한 선택 덕분에 세상은 훌륭한 문학 작품을 만날 수 있게 되었다. 최근 연구들은 그처럼 위험을 감수하는 이들이 삶에서 더 큰 행복을 누린다는 것을 보여준다.[1] 살다 보면 신중하게 고려한 끝에 위험을 무릅쓰고 변화를 향해 나아가야 하는 순간이 찾아온다.

낡은 것들을 가지치기하지 않고는 새로운 무언가를 향해 나아가기가 힘들다. 과거에 대한 충성심이 일방적으로 미래를 정하도록 내버려 두지 마라. 무언가의 의미가 사라져버린 걸 알았다면, 그것을 포기하고 내려놓으면 어떻게 될지 현실적으로 따져 본 뒤 자신 있게 변화를 추구하라. 인생의 가장 좋은 점은 그 다양성과 변화 가능성에 있다. 영원한 의미가 있는 한편 시간의 흐름에 따라 바뀌는 의미도 있다는 사실을 기억하고, 과도기와 정체기 모두 삶의 목적을 새로 만들어 가는 계기로 삼자.

내 삶에 영원한 의미를 주는 3~5가지는 무엇인가? 어떻게 하면 더 많은 관심을 쏟을 수 있을까?

목적을 주는 것	관심을 쏟는 방법
· · · · ·	· · · · ·

지금 과도기에 놓였는가? 그것은 어떤 성질의 변화인가? 새로운 의미를 발견할 기회가 엿보이는가?

삶의 어떤 부분에서 정체감이 느껴지는가? 그 이유는?

그 부분에서 새로운 의미를 캐내고 만들어 갈 방법이 있을까?

내려놓아야 할 것이 있는가? 어떻게 하면 목적을 느낄 수 있을까?

Ⅰ

목
적
바
라
기

07
· · · · · · ·

일을
크래프팅하라

행복을 위한 황금 갈피

🪶 잡 크래프팅   🪶 일에서 나만의 의미 찾기

🪶 똑같은 일 다르게 하기

에릭 크라우치^{Eric Crouch}는 스스로 인정하듯 형편없는 학생이었다. 대학교에는 들어갔지만 아무런 목표도, 의욕도 없었다. 결국 평균 학점 1.7이란 성적을 받아든 그는 학업을 관두고 좋아하는 사진을 찍게 되었다. 역시 학교생활에 어려움이 많았던 남동생과 에릭은 교사에 대한 실망스러운 경험이 워낙 많은 탓에 학교 교육을 중요하게 여기지 않았다. 그런데 결혼을 약속하게 된 사람이 그에게 공부하길 간곡히 부탁했고, 이에 학교로 돌아가게 되었다.

공부를 다시 시작한 에릭은 곧 교육에 대한 열정을 발견했다. 그에게는 자신처럼 학교에서 이끌어 주는 사람이 아무도 없는 아이들을 도와주고 싶다는 열망이 있었다. 그는 열심히 노력해서 학점을 올렸고, 마침내 교육학 학사 학위를 받을 수 있었다. 에릭은 졸업과 함께 조지아주 콜럼버스에 있는 공립학교, 더블 처치스 초등학교^{Double Churches Elementary}에서 1학년 학생들을 가르치게 되었다. 처음부터 그는 학교 윗선에 다른 교사들과 똑같은 방식으로 가르치지 않을 것이고, 몇 가지 규칙을 어길 수도 있지만 진심으로 학생들을 위하겠노라는 뜻을 밝혔다. 그리고 그는 정말로 그 말대로 하고 있다.

에릭의 교육 철학은 아주 어린, 초등학교 1학년 학생이라도 모두가 자신의 교육에 주인의식을 가져야 한다는 것이다. 그에 따르면, 한 명 한 명의 학생에게 다가가 그들을 개별적으로 이해하고, 공동으로 개인 맞춤 학습 계획을 세워야만 성공 가능성이 커진다.

──────── 저는 새 학기가 시작하면 3주간 아이들을 알아가는 시간을 가집니다. 놀이도 하고 대화도 하고 아이들끼리 어떻게 상호 작용을 하는지 관찰도

131
•‣•

하면서요. 그러다 생각했죠. '아이들에게 가장 좋은 공부 방법을 가르쳐 줄 수 있다면, 아이들이 스스로 알아서 하는 방법도 배울 테니까 자율적인 교실이 만들어질 수 있지 않을까…….'

저는 책상에 앉아서는 글씨를 잘 쓰지 못하고 타자도 잘 치지 못합니다. 바닥에 앉는 걸 좋아하고, 컴퓨터가 약간 높은 위치에 있어야 편해요. … 문득 그런 생각이 들더군요. 나는 이런데, 내 학생들은 어떨까? 아이들도 분명 자기가 무언가를 잘하지 못한다고 생각하면서 학교에 올 겁니다. 하지만 다르게 생각할 기회가 주어지지 않은 것뿐이죠.

에릭의 행복 만나보기

#1   에릭이 말하는 '내가 가르치는 이유'

에릭은 매년 수업계획과 목표를 세우지만 대개 그대로 지키지는 않는다. 매일 그날의 목표가 적힌 리갈패드를 들고 다니며 변화를 주는 것을 좋아한다. "저는 지루함을 잘 느끼거든요." 그가 웃으며 말한다. 그는 평가 기준표를 직접 만들지 않는다. 학생들과 일대일로 함께 만들고 정해진 기준에 도달해야 하는 책임을 나눈다. 수업을 잘 소화하는 학생은 원하는 만큼 먼저 앞서가게 하고, 고전하는 학생이 있으면 수업 내용을 쉽게 이해할 수 있도록 창의적인 방법을 고안한다.

최근 에릭은 5학년 학생들에게 수학에 관한 새로운 관점이 필요하다는 생각에 케냐에 있는 학교와 결연을 맺었다. 온라인 비디오를 통해 그의 학생들이 아프리카 학생들에게 수학을 가르쳐 주고, 아프리카 학생들은 스와힐리어를 가르쳐 주기로 했다. "특별한 것을 배우는 좋은 기회가 될 거예요. 아이들의 수학 실력이 어느 정도인지도 자연스럽게 드러날 테니까. 그걸 바탕으로 실력을 쌓아 나가면서 자신감도 생길 겁니다." 결국, 아이들은 외국어와 사회, 비즈니스와 경제까지 배울 수 있었다. 아이들이 자매결연을 맺은 학교를 도와주려고 사회적 기업을 만들어, 공용 우물과 정원을 선물한 것이다.

에릭은 다른 반 학생들과 허리케인 마이클로 큰 피해를 입은 사람들을 돕기도 했다. 영화 제작진에 도움을 청해 피해 지역을 카메라에 담고, 그걸로 200만 달러를 모금해서 피해 지역 학생들에게 학용품을 지원해 준 것이다. 이런 수업은 과연 무슨 과목에 속할까? 사회, 미술, 경제, 역사, 정치 어느 것이든 될 수 있으리라.

에릭은 학생들이 과목마다 교실을 돌아다니며 수업을 받지 않도록, 전 과목을 다 가르치게 해 달라고 학교 윗선을 설득했다. 그는 통합 수업이 실제로 학생들에게 긍정적인 영향을 주고, 수업 집중력에도 도움이 된다고 생각한다. 학생들의 시험 성적과 높은 인기 덕분에 에릭은 그렇게 할 자유를 얻었다. 그는 정시에 퇴근해 두 자녀와 놀아 주고, 아내와 시간을 보내거나 취미생활도 즐긴다. 모든 일이 교실에서 이루어지므로 집으로 잔업을 가져가지도 않고, 집에서 시험지를 채점하는 일도 없다. 그래서 에릭은 매일 활기가 넘친다. "저는 항상 100% 최선을 다합니다. 프로젝트도 하고, 지역에서 봉사활동도 하고… 여러 가지 일을 하죠. 평일에도 좋아하는 일들을 즐길 시간이 있어요."

이 모든 게 어떻게 가능할까? 에릭이 가르치는 학생들의 시험 점수는 우수하고, 학생들은 그를 좋아한다. 국립밀켄교육자상, 세계 최고 50인 교사상, 하버드 PZ 펠로우십을 수상했으며, 주 교육감 교사 자문 위원회에 들어와 달라는 요청도 받았다. 학창 시절 공부를 썩 잘하지 못했던 학생 치고는 나쁘지 않은 성과다.

에릭의 행복 만나보기

#2　　사회에서 인정받게 된 에릭의 특별한 교육

잡 크래프팅의 기술

· · · · · · · · · · · ·

예일 대학교 교수이자 조직 심리학자인 에이미 프제스니에프스키 Amy Wrzesniewski 는 팀원들이 탁월한 성과를 내도록 도와주는 게 무엇인지 알아보고자 대형병원 청소부들을 심도 있게 연구했다. 그녀는 일에 대한 만족도가 가장 크고 일을 가장 잘하는 청소부들에게 '잡 크래프팅 job crafting'의 특징이 나타난다는 사실을 발견했다.[1] 그 청소부들은 환자를 돕는 일에 열중하는 경향이 있었고, "주어진 업무를 벗어나 스스로 의미와 가치가 있다고 생각하는 일을 만들어서 했다." 한 청소부는 혼수상태에 빠진 환자의 뇌를 자극하기 위해 병실의 그림 위치를 바꾸었다. 일부러 시간을 투자해 청소에 사용되는 화학약품에 대해 알아보고, 환자의 상태를 덜 자극하는 것을 찾으려고 노력한 사람도 있었다. 그들은 타인에게 봉사하는 일에 탁월함을 추구했고, 봉사의 목적에 맞게 스스로 직무에 변화를 주었다. 자신과 자신이 돕는 사람에게 더 큰 의미가 있도록 일을 개선한 것이다. 그들은 자신의 영역에서 에릭 크라우치[Eric Crouch]가 교실에서 한 일을 똑같이 했다.

프제스니에프스키 교수는 동료 저스틴 버그[Justin Berg], 제인 더튼[Jane Dutton]과 함께 잡 크래프팅의 핵심 요소 세 가지를 제시했다.[2]

① **과제(Tasks):** 직무의 일부로 매일 수행하는 특정 행동

② **관계(Relationships):** 직장에서 만나는 다른 사람들과의 관계

③ **인식(Perceptions):** 일에 대한 태도

이 장에서는 이 중 '과제 크래프팅[task crafting]'에 초점을 맞출 것이다. 매일 수행하는 일에 실질적인 방법으로 변화를 주어 의미와 성취감, 효율까지 높이는 것을 말한다. 여기에는 매일 수행하는 업무를 보다 의미 있게끔 재창조하거나, 부분적으로 책임을 조정함으로써 자신에게 가장 의미 있는 일에 쏟는 시간은 늘리고, 그렇지 않은 일에 쓰는 시간은 줄이는 일이 포함된다. 가령 중간 관리자는 핵심 팀에 관리 업무를 위임하고 부하 직원 코칭에 쏟는 시간을 늘리고 싶을 수도 있다.

기술에 관심 많은 구매팀 직원이라면 새로운 소프트웨어 플랫폼을 이용해 평소 수작업으로 처리하는 공급업체 관리 업무를 혁신할 수 있을 것이다.

🌀 일을 크래프팅하라

크래프팅 기회	실제 어떤 모습일까
의미를 주는 것을 찾고, 그에 맞춰 업무에 변화를 준다	목적과 즐거움을 느끼는 일이 무엇인지 일주일 동안 관찰해 본다. 자신에게 가장 잘 맞는 일이 무엇인지 알아낸 후, 그걸 염두에 두고서 일상적인 업무에 적용한다.
의미 있는 새로운 과제를 맡는다	주중에 의미와 즐거움을 주는 새로운 작업이나 활동을 할 시간을 마련한다. 업무와 직접 관련이 있든 없든, 조직 전체를 위한 일이든 상관없다.
똑같은 일을 다르게 해본다	반드시 달성해야 하는 일들을 중심으로 주요 업무를 계획한다. 중요하지 않은 과제는 쳐내고, 필수 과제를 더 의미 있게 만드는 방법을 찾는다.

매일 수행하는 작업에 실질적인 변화를 주고, 이를 장인 정신 추구와 병행한다면(다음 장에서 살펴볼 주제다), 직장에서의 삶에 활력이 생길 것이다.

첫째. 의미 있는 것들을 찾아라

빌 버넷Bill Burnett과 데이브 에번스Dave Evans의 책《디자인 유어 라이프Designing Your Life》는 훌륭한 커리어를 설계하는 방법을 알려 주는 최고의 책이다. 독자들이 각자의 삶에 '디자인 사고^{design thinking}'(저자들이 애플이나 일렉트로닉 아츠^{Electronic Arts} 같은 기업에서 채택한 사고방식)를 적용해, 의식적으로 보람 있는 인생을 설계해 나가도록 도와준다. 하루 동안 수행하는 여러 과제에서 느끼는 에너지와 몰입을 추적하는 한 장짜리 '행복 일기^{good time journal}'를 포함해 다양한 연습법도 소개하고 있다.

'행복 일기'를 몇 주 동안 매일 기록해 보면, 신나고 활력을 주는 활동과 지치게 만드는 활동이 무엇인지 각각 알 수 있다. 치열한 협상부터 팀 회의, 사일로 상태로 이루어지는 긴 업무 시간 등 다양한 일이 있을 것이다. 내 경우에는 코칭과 인재 개발, 영업, 협상 업무를 처리할 때 에너지와 몰입도가 커진다는 것을 알 수 있었다. 하지만 중간 보고 회의에서는 둘 다 떨어졌다. 피드백 토론, 직원 성과 평가 같은 경우는 중간쯤이었다. 몰입도는 높지만 에너지가 소진되었다. 이 방법으로 누구나 자신에 대해 더 많이 알 수 있다. 내가 팀원들을 생각해서 고된 업무를 혼자 떠맡는 경향이 있다는 사실도 알게 되었다. 그러다 보니 과잉교정이 일어나고, 번아웃 위험도 있었다. 그 결과로 나는 개인적으로 책임을 재설계하여 에너지와 몰입감을 주는 활동에 쓰는 시간을 늘리고, 나머지 활동은 신중하게 다른 사람들에게 위임하는 쪽으로 직무를 조정할 수 있었다(그리고 누군가는 나에게 벅찬 일을 즐긴다는 사실도 알게 되었다).

목적에도 이 방법을 활용할 수 있다. 하루에 수행하는 일들이 에너지와 몰입감을 주는지 살펴보는 게 아니라, 목적과 즐거움을 주는지를 추적하면 된다. 2장에 나오는 사분면 구조를 활용한다. 매일 수행하는 주요 활동을 기록하고, 그것이 얼마나 큰 의미와 기쁨을 주는지 평가한다. 일종의 '균형 일기balance journal'라고 생각하면 된다. 다음 표는 회계기업 파트너로 일하는 크리스타의 일기다. 이 일기는 그녀가 목적과 즐거움을 느끼기 어려운 분야가 어디인지 알려 줄 것이다. 그런 일들은 새롭게 설계하거나 아예 없애 버릴 수 있다. 큰 의미와 기쁨을 주는 일들을 찾아 더 집중적으로 투자할 수 있는 좋은 기회도 된다.

크리스타의 균형 일기

활동	목적(1=낮음, 5=높음)	즐거움(1=낮음, 5=높음)
아침에 아이들 준비시키기	4 아이들에 대한 애정을 확인하면서 하루를 시작하니 좋다.	3 아침에 일찍 일어나야 하고 정신이 하나도 없다.
오전 전체 회의	2 오늘 내 업무와 별로 관련이 없다.	2 다른 사람들을 만나서 좋지만 의무처럼 느껴진다.
멘티와의 커피 한잔	5 멘티가 성장한 게 보이고 확실한 진전이 있다.	5 멘티는 성격이 좋고 말을 잘 들어준다.
고객 피칭 미팅	5 내가 잘하는 일이고 회사에도 큰 도움이 된다.	5 고객들이 큰 관심을 보였고 감탄했다.
준법 감시 기록 검토	2 누군가는 해야 하는 일이지만 내 업무와 무관하고 다른 사람이 해도 될 것 같다.	1 진짜 싫다.
클라이언트 감사 검토를 위한 타 업무 차단	4 우리 회사가 제공하는 핵심적인 고객 서비스다.	3 점점 따분해지고 있다.

최근 감사 관련 클라이언트 미팅	4 직접 고객 서비스. 훌륭한 결과물.	5 고객들의 반응이 좋았고 프레젠테이션도 마음에 들었다.
매니지먼트 파트너, 팀원들과의 미팅	2 나를 위한 것이지 별 이유가 없는 듯하다.	3 서로 얼굴을 보는 것은 좋지만 스트레스만 많고 성취감은 별로 없었다.
성과가 저조한 직원 평가	5 이 직원은 코칭이 필요하고 최악의 상황을 대비해야 한다.	3 힘들다. 중요한 일이란 건 알지만 진이 빠진다.

일주일 동안 균형 일기를 기록한다. 즐겁지만 의미 없는 일은 무엇인가? 나는 넷플릭스에 저장해 놓은 것들을 다 보는 일이 그렇다. 큰의미가 있지만 너무나 힘든 일은? 재미도 있고 의미도 있는 일은? 둘다 찾아볼 수 없는 일은? 이렇게 자신이 어떤 일들에 시간을 쓰는지파악한 다음, 목적과 즐거움을 주는 일에 쓰는 시간을 늘리고, 그렇지않은 일에 쓰는 시간은 줄이는 방법을 찾아보자. 에릭 크라우치는 이메일 회신도 늦고 교직원 회의 출석을 중요하게 여기지 않으니 학교에서 높은 직위로 올라가지 못할지도 모른다. 하지만 그는 창의성이뛰어나고, 아이들과의 일대일 상호 작용을 좋아한다. 가장 중요한 사실은, 그가 사랑하는 일을 하면서 아이들의 삶을 크게 바꿔 주는 방법을 찾았다는 것이다.

더 큰 성취감이 느껴지도록 일에 변화를 주는 것은 생각처럼 어렵지만은 않다. 보통 한 팀은 서로 보완적인 사람들로 채워져 있다. 누군가는 프로세스와 체크리스트를 좋아하는가 하면, 다른 사람은 '창의적인' 사고와 전략을 좋아한다. 발표와 집단 브레인스토밍을 좋아하는 사람도 있고, 반면 글쓰기와 혼자 일하는 것을 좋아하는 사람도 있다. 자신이 무슨 일에서 목적과 즐거움을 느끼는지 파악한 뒤에는 팀원들을 한번 떠올려 보자. 팀원들과 서로 바꿀 수 있는 일이 있는가? 나와 상대방 모두에게 좋은 결과를 가져다줄 수 있어야 한다. 예를 들면 직원 회의 진행 업무를 넘기고 채용 업무를 받아오는 식이다. 만약 관리자가 허락한다면 팀원들을 직접 참여시킬 수도 있다. 균형 일기를 써본 결과를 그들에게 이야기한다. 나에게 유익한 업무를 우선시하고 그렇지 않은 업무는 다른 팀원들에게 위임할 수 있는 방법을 찾도록 도와 달라고 부탁한다.

둘째. 의미 있는 새로운 과제를 맡아라

내가 만나 본 가장 똑똑한 동료는 내가 관리하는 팀에서 주로 '전략' 업무를 맡은 젊은 남성이었다. 팀이 문제를 숙고하고, 새롭고 영향력 있는 방식으로 솔루션을 제공하도록 도와주는 것이 그의 일이었다. 그는 스타트업과 데이터 과학이라는 두 가지 영역에 관심이 많았지만, 정작 그의 업무와는 스쳐 지나가는 정도로밖에 관련이 없었다. 그래서 나는 그와 상의해서 그가 지역사회 스타트업과 관련된 특별 프로젝트에 합류하고 데이터 과학 수업을 듣는 등, 업무 시간의 10~20%를 열정 프로젝트에 쓰도록 허가해 주었다. 해야 할 일이 늘어나고 팀의 핵심 업무에 쏟는 시간은 줄어들었지만, 그는 오히려 활기가 넘쳤으며 일에서 더 큰 의미를 느끼게 되었다(결과적으로 팀과 회사에 더 헌신적인 사람이 되었다).

직원들이 주요 업무와 크게, 혹은 전혀 관련 없는 열정 프로젝트를 추구할 수 있게끔 열려 있는 훌륭한 관리자들이 많다. 새로운 일을 배우는 데 많은 시간을 쏟고 자신이 속한 팀과 관련된 업무는 줄이는 일종의 타협이다. 하지만 그곳에서 더 큰 목적과 에너지가 생겨나므로, 결국 모두에게 윈-윈이 될 수 있다. 조직 내에 당신이 리더십을 발휘하고 의미를 얻을 수 있는 소규모 단체가 있는가? 예를 들어, 여직원들의 모임 같은 것 말이다. 다른 부서에 의미를 얻고 경력도 넓혀 줄 열정 프로젝트 기회가 있는가? 어떤 강좌를 들음으로써 목적의식을 느끼고 새로운 기술도 배울 수는 없을까?

주변의 기회를 하나 하나씩 주의 깊게 살펴보자. 너무 무리하거나 한 번에 너무 많은 기회를 잡으려고 하면 안 된다. 대부분 직장인은 이미 너무 큰 업무 부담을 안고 있으니까 말이다. 도와줘야 할 사람이 너무 많거나, 관리자가 새로운 일에 도전해 보도록 업무량을 줄여 주지 않을 수도 있다. 조직이 허용해 주는 한도 내에서 삶의 균형을 지켜 나갈 방법이 없을지 신중하게 생각해 보자. 시간 배분을 잘해서 번아웃을 피하고, 리더를 설득해 활동의 가치를 이해시킬 수만 있다면, 열정 프로젝트는 매우 중요한 의미의 원천이 된다. 자신뿐 아니라 조직에도 진정으로 가치 있는 일이 된다면 주변 사람들에게 강한 진취력과 기업가정신을 보여줄 수 있을 것이다.

셋째. 똑같은 일을 다르게 하라

에릭과 학생들은 기존의 수업 방식이 지겨워져서 스와힐리어를 배우고 사업을 시작했다. 영상과 사진 프로그램을 만들어 다른 학생들에게 도움도 주었다. 에릭이 내놓는 성과는 다른 교사들과 똑같거나 조금 더 낮지만, 그는 대부분 교사가 하는 것과는 근본적으로 다른 방식으로 그 결과를 얻을 길을 찾았다. 그런 파격적인 접근법이 에릭에게 효과적이다. 그리고 그는 독특한 통찰을 통해, 그 방법이 학생들에게도 효과가 있음을 알았다. 아이들은 자신에게 맞는 수업계획을 직접 세움으로써 활력을 얻고 진정한 주인의식을 느낀다. 프제스니에프스키 교수의 연구에 나오는 청소부들도 똑같은 기술을 활용했다. 그들은 일에 약간의 변화를 주어 더 큰 의미를 얻었고, 업무 효율까지 끌어올렸다. 당신도 그렇게 할 수 있다.

MBA 과정을 막 끝낸 한 동료는, 데이터 정리, 수동 조작, 차트 작성 같은 조직의 보고 절차에 들어가는 여러 반복적인 요소들이 지겨웠다. 대신 그녀는 기술과 고급 분석은 좋아했다. 그래서 새로운 기술과 분석 기법을 활용해 한층 정교하고 자동화된 데이터 처리 프로세스를 구축하는 중기 프로젝트를 맡고 싶다고 요청했다. 그동안 보고서 작성 절차를 단축해 달라고도 했다. 결과는 환상적이었다. 개인의 목적의식은 물론, 팀 전체를 위해서도 너무 좋은 일이었다. 당신에게도 이런 기회가 있을까?

다음 방법을 한번 실행해 보자.

① 종이에 세로로 줄을 그어 세 칸으로 나눈다. 가운데 칸에 직무의 핵심 요소 10~20가지를 적는다. 세 번째 칸에는 일에서 달성하고자 하는 중요한 성과를 5~10가지 적는다.

② 직무의 핵심 요소가 핵심 성과와 관련 있는지 살펴보고 선으로 연결한다. 모든 항목이 딱딱 맞아떨어지게 연결되지 않을 수도 있다. 어떤 성과는 다수의 과제가 필요하고, 어떤 과제는 여러 성과와 연관 있을 수도 있다.

③ 간소화할 수 있는 기회를 찾는다. 실질적인 성과가 없는 과제는 모두 제거한다. 다음에는 가장 번거롭고 무의미하거나 고무적이지 않은 일에 동그라미를 친다.

④ 마지막으로, 변화 아이디어를 모은다. 의미 없는 작업을 어떻게 하면 더 의미 있고 비슷한 영향력을 갖춘 일로 대체할 수 있을까? 첫 번째 칸에 아이디어를 적는다.

다음은 영업 지원팀에서 일하는 내 예전 동료 칼라^{Carla}가 이 활동을 진행한다면 어떻게 될지를 가정해 작성해 본 것이다.

재구성 아이디어	현재 업무	주요 업무 성과
• 데이터 가져오기와 프레젠테이션, 분석 자동화 플랫폼 구축 • 분석 시간 확충하기	• 시스템에서 데이터 가져와 정리 • 엑셀 분석 실행 • PPT 자료 입력 • 임원진에게 보고	• 매출 신장을 위해 임원진에 분기별 보고서 제출
• 모바일과 보이스 포함 기능 업그레이드 • 영업 교육안 마련 및 시행	• 영업부 회의록 받아서 입력 • 고객 파악을 위한 매출 조사 및 입력	• 영업부에 고객 요청사항 업데이트
• 고수익 고객용 전략 수립 • 고객 유형별 데이터 소스 접근 • 실적 자료 제공 및 워크숍	• 영업부에 잠재 고객 리스트업 요청 • 각각 분류 • 업데이트 요청	• 신제품 잠재 고객 목록 작성
• 작업 축소	• ~~제품 보고서 데이터 입력~~	아무도 안 읽음! • 제품 보고서

직접 당신 버전의 시트를 작성하고 곰곰이 생각해 보자. 작업에 더 큰 의미를 주는 동시에 영향력도 커지도록 창의적인 변화를 줄 수 있는 방법이 있는가? 아이디어를 적고 나서 상사나 관련 팀원과 상의해 본다. 이 변화가 그들에게 도움이 되고 당신의 업무 몰입도 높여 주리라는 것을 제대로 설명할 수 있도록 미리 준비해야 한다. 아이디어를 제안할 때 다음의 팁을 참고한다.

1. **주도적이고 솔루션 지향적이어야 한다.** 관리자들은 온종일 여기저기서 문제를 듣는 것에 익숙하지만 개중 해결책을 제안하는 사람은 별로 없다. 따라서 계획을 준비해 간다면 십중팔구 귀담아 들어줄 것이다.

2. **회사와 팀의 니즈를 충족해야 한다.** 유능한 관리자는 팀원들의 몰입을 높이는 동시에 팀과 기업의 목표를 달성하기를 원한다. 만약 당신이 내놓은 아이디어가 맡은 업무의 중요한 목적을 무시하거나 팀이 꼭 내야만 하는 성과를 달성하지 못한다면 받아들여지지 않을 것이다. 팀에 중립적이거나 더 나은 계획이어야 한다.

3. **동료들에게 지나친 부담을 주지 마라.** 싫은 업무는 다 없애 버리고 마음에 드는 것만 남길 수 있다면 얼마나 좋을까. 맞다. 대부분의 직무는 조금만 창의성을 발휘해도 큰 변화를 줄 수 있다. 하지만 당신의 계획이 그저 힘든 업무를 다른 팀원들에게 전부 떠넘기는 것이라면, 그것은 절대 옳지 않다.

4. **(가능하다면) 먼저 행동으로 증명하라.** 프제스니에프스키 교수의

145
• •

연구에 나오는 청소부들은 관리자들에게 아이디어를 제안하지 않았다. 그저 맡은 일을 더 잘하기 시작했을 뿐이다. 업무에 변화를 주는 방법에는 그냥 곧바로 실행에 옮길 수 있는 아이디어도 있다. 직접 테스트를 거쳐 효과가 입증된 후에 관리자에게 제안하면 된다. 중대한 절차 문제거나 예산이 필요하다면 이 방법이 통하지 않을 수 있지만, 대개는 가능할 것이다.

이런 식으로 아이디어를 제시하면 관리자들은 대부분 귀담아 들어주고 변화를 허락할 것이다. 심지어 당신의 성찰과 기업가정신을 높이 평가할 수도 있다. 물론 전부 다 원하는 대로 되지 않거나 '거절당할'지도 모른다. 하지만 너무 좌절하거나 낙담하지 않도록 한다. 관리자가 당신의 제안을 거절하는 타당한 이유가 있을 수 있다. 다양한 이해관계자들의 필요와 관심사의 균형을 맞춰야 할 수도 있고, 당신이 알지 못하는 사정이 있다든가, 단순히 당신의 접근 방식에 동의하지 않을 수도 있다. 만약 상사가 거절한다면 천천히 시간을 두고 새로운 행동 계획을 짜도록 한다. (다음 글 '상사가 거절하면 어떻게 해야 할까'에서 대안을 제시하는 팁을 알아보자.)

일반적으로 잡 크래프팅 또는 과제 크래프팅은 일에 활력을 불어넣어 더 큰 의미와 즐거움을 얻는 좋은 방법이다. 자신의 직업을 재창조함으로써 다른 사람들에게 같은 일을 하게끔 좋은 영향을 주고, 더 나아가 주변 문화를 개선할 수도 있다.

상사가 거절하면 어떻게 해야 할까

직무 과제를 새롭게 설계할 때 상사의 '거절'을 마주할 수도 있다. 큰 희망을 안고 미래를 위해 열심히 고민한 끝에 떠올린 아이디어인데 거절당하면 충격이 클 수밖에 없다. 신중하게 내놓은 과제 크래프팅 아이디어를 상사가 거절하면 어떻게 해야 할까? 몇 가지 팁을 제안한다.

1. **대화에 호기심을 가지고 접근하라.** 상사의 사무실로 찾아가 변화를 제안하기 전에, 일단 당신의 마음가짐이 옳은지부터 확인하라. 당신은 한 명의 팀원일 뿐이고 상사에게는 신경 써야 할 일이 무척 많다. 토론을 원하는 진정성과 상대의 입장을 헤아리는 공감 어린 태도로 대화에 접근해야 한다.

2. **올바른 질문을 하라.** 상사에게 거절당하면 방어적인 태도를 보이기 쉽지만, 이는 절대로 올바른 접근법이 아니다. 사려 깊은 질문으로 분위기를 한결 누그러뜨리고 상황을 더 잘 이해하려고 노력해야 한다. 상대방의 말에 담긴 이유, 근본적인 우려까지도 헤아려 보자. 그 부분을 해결할 수 있다면 좋은 결과가 나올 가능성은 아직 있다.

3. **정리할 시간을 요청하라.** 대화를 잠시 멈추고 상대방의 말을 제대로 이해하려고 시도해 본다. 간단히 이렇게 말하는 것만으로 가능하다. "피드백 감사합니다. 제가 생각해 볼 부분이 많은 것 같습니다. 며칠 말미를 주신다면, 좀 더 생각해 보고 다시 말씀드려도 될까요?" 이렇게 하면 상대방의 관점에 대한 이해를 바탕으로 아이디어를 가다듬을 시간이 생긴다.

4. **하루나 이틀 정도 돌아보라.** 시간을 받았으니 응당 써야 한다. 24시간 동안 이 문제는 옆으로 제쳐 두고 긴장을 푼다. 특히 좌절감이 심할 경우, 이렇게 하루쯤 문제와 거리를 두고 머리를 식힘으로써 좀 더 이성적으로 생각하고 공감할 수 있다. 그런 뒤 하루나 이틀 정도 시간을 두고 문제를 처음

부터 다시 고찰해 본다. 친구나 동료 등 제삼자와 이야기를 나누면 새로운 관점도 얻을 수 있다.

5. **제안을 조정하라.** 다시 생각해도 가치 있는 변화인가? 그렇다면 접근 지점을 바꿔서 상대방의 우려를 제대로 다뤄야 한다. 지난번에 상사가 말한 부분을 어떻게 해결할 것인지를 중점으로 이야기한다. 이렇게 하면 상대방에게 이해 받는다는 느낌을 주고, 초반부터 의견 일치의 분위기를 조성하는 두 가지 이점이 있다.

6. **완벽주의를 경계하라.** 당신이 보기에는 완벽한 아이디어인데 전부 관철되지는 못하고, 그중 일부만 받아들여질 수도 있다. 완벽만을 고집하다가 미래의 의미와 성취감을 놓쳐버리지 않도록 주의하라.

만일 이렇게 다시 신중하게 내놓은 제안도 상사가 거절한다면 당신이 원하는 이 변화가 자신에게 얼마나 중요한지 되돌아보라. 초점을 맞출 만한 다른 영역의 목적이 있는가? 또 다른 잡 크래프팅 기회가 있는가? 더 큰 변화를 고려하기 전에 반드시 이 지점을 꼭 생각해 봐야 한다.

08

· · · · · · ·

장인 정신을
추구하라

행복을 위한 황금 갈피

🪶 평범을 특별함으로 　🪶 혼신을 다하면 태어나는 가치

🪶 최고에 도전하다

출판사 손윌로우 프레스Thornwillow Press 설립자 **루크 폰티펠**Luke Pontifell 은, 장인 정신에 대한 자신의 남다른 애정이 매사추세츠주 서부에 있는 18세기 농가를 복원한 집에서 보낸 어린 시절의 영향인 것 같다고 말한다. 낡은 널빤지를 비롯해 세월의 흔적이 그대로 남아 있는 집을 보면서 그는 물리적인 것에 담긴 힘을 우러러보게 되었다. 루크는 오래된 장소에 깃든 역사를 사랑한다. 어머니는 조각가였고, 아버지는 작가이자 광고회사 임원이었다. 부모는 그에게 수공예의 중요성과 창의성을 가르쳐 주었다.

루크는 하버드 재학 시절 삶에서 중요한 부분을 차지하게 될 공예를 발견했다. 바로 활판 인쇄letterpress printing와 제지, 책 제본이었다. 그는 뉴욕 북 아트 센터에서 활판 인쇄 수업을 듣고 사랑에 빠졌다. 유명 작가들에게 허락을 구해, 그들의 책과 에세이를 특별 활자로 인쇄하면서 기술을 연마했다. 루크의 활판 인쇄 경험은 1990년 하버드 졸업식에서 독일 총리 헬무트 콜Helmut Kohl의 연설을 들으며 최고조에 달했다. 연설에서 콜 총리는 독일 재통일과 유럽의 미래를 위한 청사진을 펼쳐 보였고, 루크는 총리의 허락 하에 그 연설문을 한정판 활판 인쇄본으로 제작했다.

루크의 행복 만나보기

#1   손윌로우 프레스의 활판 인쇄물과 수제 장정 도서들

졸업 후 그는 몽블랑에 입사해 독일에서 일했는데, 하루는 체코의 한 제지소를 방문하게 되었다. 제지소 주인들은 그에게 종이는 팔지 않지만 제지소는 판다고 했다. 몽블랑이 루크의 첫 번째 고객이 되어 주었다. 루크는 세계에서 가장 큰 수제 종이 공장 주인이 되었지만, 전혀 예상치 못한 운명의 장난으로 구소련 붕괴 후 격동기에 공장을 빼앗기고 말았다. "모든 걸 다 잃었어요. 투자했던 돈을 한 푼도 남기지 않고 전부 잃었죠. 먹고 살기 위해 집까지 팔고 다시 시작했어요."

뉴욕으로 돌아간 그와 아내는 뉴욕시에서 멀지 않되 가격이 저렴한 뉴욕주 뉴버그Newburgh에서 제지와 활판 인쇄를 합친 사업을 시작하기로 했다. 다들 절대로 성공할 수 없을 것이라고 말렸다.

———— (뉴버그로 갔을 때) 만나는 사람마다 그러더군요. 미국에선 절대로 불가능한 일이라고. 미국에서는 절대 대대로 내려오는 기술을 갖춘 장인을 찾을 수 없다고 말이죠. … 한편으로는 맞는 말이었어요. 하지만 우리는 그게 틀렸음을 증명하는 것을 사명으로 삼았습니다. 이 분야의 기술과 장인 정신을 가르치고 영원히 보전하는 사업을 꼭 해야겠다는 생각이 들었어요.

루크가 손윌로우 프레스에서 진행하는 핵심 사업은 두 가지다. 바로 문구류와 명함, 훌륭한 책의 한정 활판 인쇄판 같은 아름다운 수공예품을 만드는 것과 다른 사람들에게 그 기술을 가르치는 것이다. 루크와 이야기를 나눠 보면 오래되고 중요한 것들, 그가 '영혼'이 깃든다고 말하는 물건을 만드는 일에 대한 그의 깊은 열정을 느낄 수 있다.

———————— 물건도 '영혼'을 가질 수 있습니다. ··· 그건 예술적 경험에 필수 불가결해요. 창작자, 작가, 작곡가와 끝에 그것을 받게 되는 사람들 사이에 유대감이 형성될 때 그렇죠. 물건이 일종의 기념물이 될 때, 정체성의 일부가 되었을 때도 마찬가지입니다.

루크의 행복 만나보기

#2   손윌로우 프레스 인쇄소 모습

대량생산과 일회용품의 시대에 손윌로우 프레스의 루크와 동료들은 아름다움, 디테일, 기술, 장인 정신에 대한 관심이 평범한 것을 특별한 것으로 바꿀 수 있다는 사실을 재발견했다. 장인 정신 자체가 어떻게 의미를 만들어낼 수 있는지 몸소 체현한 것이다.

일회용 시대의 장인 정신

· · · · · · · · · · · · · · · ·

무언가에 자신을 온전히 바치면 영혼이 전해진다고 생각해 본 적 있는가? 나는 루크를 만나기 전까지 그런 적이 없었다. 하지만 지금은 훌륭하게 처리된 일을 볼 때 존경스러운 마음이 드는 것도 같은 이유에서라는 생각을 떨칠 수 없게 되었다. 〈모나리자〉나 기자 피라미드, 스톤헨지, 《실낙원》 같은 걸작에서 그런 감정이 느껴지는 것은 당연하다. 하지만 소박한 일상에서도 비슷한 감정과 의미를 느낄 수 있다. 바리스타가 준비한 완벽한 커피 한 잔이나 동료가 제작한 효율적이면서 보기도 좋은 파워포인트 프레젠테이션에서 말이다. 무언가를 정말로 잘 해내기 위해 엄격하게 자신을 가다듬어 본 경험이 누구나 한 번쯤 있을 것이다. 루크는 《위대한 개츠비》와 《오만과 편견》의 활자 인쇄판을 찍을 때, 한 권 한 권 완벽하게 나오도록 온 정성을 다한다. 무언가를 완벽하게 해내려는 시도, 인간이 성취할 수 있는 한계를 밀어붙이는 노력은 우리에게 의미를 준다.

 일에서 장인 정신을 추구하라

방법	실제 어떤 모습일까
일에서 장인 정신을 추구할 기회를 찾아라	직무 과제에서 기술을 완벽하게 가다듬을 기회가 있는지 생각해 본다. 책임감이 생기도록 그 목표를 주변 사람들에게도 알리고 성공도 같이 축하한다.
장인 정신을 추구할 수 있는 취미를 찾아라	기존의 취미를 완벽하게 가다듬고자 노력하거나 새로운 취미를 찾아본다. 달리기, 뜨개질, 그림, 글쓰기 등 여러 가지가 있을 수 있다.
경쟁할 기회를 찾아라	취미와 관련된 기술을 완벽하게 다듬는 것에서 한 단계 나아가, 대회에 나가거나 작품을 전시할 기회를 찾는다. 다른 사람들에게 보여주거나 타인과 비교해 볼 수 있고, 예전보다 실력이 얼마나 나아졌는지도 알 수 있다.

타인의 기술을 보고 감탄하라	타인의 기술을 보고 음미할 줄 알아야 한다. 개인적으로 아는 사람일 수도, 그렇지 않을 수도 있다. 다른 사람의 훌륭한 작품을 꼼꼼하게 살펴보면서 감탄하고 가르침을 얻는다.

앞 장에서 배운 '과제 크래프팅'과 반대로, 장신 정신을 추구한다는 것은 완벽함의 경지에 오르기 위해 자신의 모든 것을 쏟아부어, 그 분야에서 최고가 되는 것을 의미한다. 그 과정은 종종 심리학자 미하이 칙센트미하이의 '몰입'으로 이어진다. 마치 시간이 멈춘 것처럼 일에 완전히 몰두하는 정신 상태 말이다. 이런 몰입감은 더 큰 목적을 느끼게 해준다.

당신의 삶 어디에 장인 정신이 있는가? 'LABORS' 프레임워크로 돌아가 보자면, 장신 정신은 취미(여가 활동 또는 자기 계발)나 직업 어느 쪽에서든 나타날 수 있다. 대개는 아름다움으로 귀결된다. 구두 수선공에게는 잘 만들어진 구두가, 수학자나 재무 분석가에게는 우아한 공식이 그럴 것이다. 사랑이나 종교적·철학적 신념에서 우러나는 타인에 대한 봉사일 수도 있다(그래서 전 세계에는 아름다운 종교 건축물이 많다). 하지만 많은 사람이 침체된 삶에 갇혀서 잘 해낸 일이라든가, (가장 단순한 작업이라도) 힘들게 기술을 연마해 예술작품을 만들어 내는 행위에서 느끼는 흥분과 만족감을 잊고 만다.

이 말에 공감이 되는가? 일에서 장인 정신을 잃어버렸는가? 창조자로서 애정을 담아 완벽하게 일을 해내며 의미를 얻을 수 있게 하는 무엇인가가 부족한가?

그래도 괜찮다. 희소식은 장인 정신 추구가 의미를 만드는 가장 쉬운 방법이라는 것이다. 삶과 일에서 장인 정신을 되찾는 것은 전혀 어려운 일이 아니다. 업무에서 성장 기회를 찾아보거나, 꾸준히 실력을 갈고 닦을 수 있는 취미를 갖거나, 다른 사람의 기술을 보고 감탄하는 법을 배우면 된다. 삶에서 장인 정신을 추구하는 몇 가지 방법을 소개한다.

삶에서 장인 정신을 추구하는 방법

첫째. 일에서 장인 정신을 추구할 기회를 찾아라

나는 예전에 맥킨지에서 비즈니스 분석가로 일할 때 엑셀 모델을 구축하는 작업에서 큰 만족감을 느꼈다. 졸업하기 전까지 엑셀을 거의 쓰지 않았는데, 일단 쓰기 시작하면서 푹 빠져버렸다. 엄청나게 복잡한 모델을 사용하기 쉽게 만드는 작업이 그렇게 재미있을 수 없었다. 여러 수식과 매크로를 이용해 상호 작용이 가능하고 누구나 쉽게 접근하도록 만드는 일이었다. 능률 개선은 물론, 보기에 좋도록 글꼴과 색상을 고르는 일마저 즐거웠다. 퇴근하고 집에 돌아오면 저녁을 먹자마자 몇 시간 동안 엑셀 모델을 만들었다. 시간 가는 줄 모르고 하다 보면 어느새 새벽 2~3시가 되어 있었다.

엑셀 모델 구축은 손으로 제본한 아름다운 책이나 완벽하게 어우러진 교향곡, 잘 내린 커피만큼 고무적이지 않을지도 모른다. 하지만 나에게는 장인 정신을 추구하고, 기계적인 과제를 예술작품으로 승화시킬 기회였다. 세상에는 남들 눈에는 그저 과제로만 보이는 일에서 예술이 태어날 가능성을 발견하는 사람들이 아주 많을 것이다.

뛰어난 기술과 꼼꼼한 디테일이 필요한 과제를 다섯 가지 적는다. 법률 서류를 시적으로 작성하기, 완벽한 웹사이트 디자인하기, 스타트업 투자 유치 발표 자료 멋지게 만들기, 같이 일하는 동료들의 이름과 관심사 알아 두기 등이 있을 수 있다. 파격적인 일이어야 할 필요는 없다. 자신에게 중요하며, 기술을 갈고닦게 해주는 일이면 된다. 구체적이고 측정 가능한 목표(예: '같은 층에서 일하는 동료들의 이름 한 달 안에 전부 외우기')를 세운다. '환상적인 파워포인트 만들기', '사용자 친화적인 엑셀 모델 만들기'처럼 좀더 주관적인 목표인 경우, 다른 사람들(관리자 포함)에게 이야기한다. 팀원, 동료, 친구 등에게 목표를 말해 두면 꼭 해내야 한다는 책임감이 커질 것이다. 또한, 주변 사람들까지 자기 계발의 여정에 동참시키는 보너스가 생길 수도 있다. 나는 팀을 관리할 때 이 방법을 자주 썼다. 팀원들에게 내가 작업 중인 프로젝트를 알려 주고, 진행 상황에 대한 피드백을 부탁했다. 팀원들에게 바라는 장인 정신의 본을 직접 보여주는 기회도 되었다. 당신은 어느 분야에서 장인 정신을 추구할 수 있는가? 당신이 더 큰 책임감을 느끼도록 돕고, 결과를 함께 기뻐해 줄 사람이 있는가?

둘째. 장인 정신을 추구할 수 있는 취미를 찾아라

엣시^{Etsy}에서 잘나가는 온라인 매장을 운영하는 직장 동료가 있었다. 그녀는 독수리, 말, 영양 같은 동물을 조각한 공예품을 판매했다. 전문 조각가가 되고 싶은 마음은 조금도 없었다. 직업이 아니라 취미로 하는 일이었다. 그것만으로는 생계를 이어가기 어려울 터였고, 직장 생활도 만족스러웠다. 그럼에도 그녀는 조각에 대한 열정이 대단했다. 묵묵히 오랜 시간을 쏟아부어 조각 기술을 갈고닦아, 한 작품씩 정성 들여 만들면서 세상에 아름다움을 보탰다.

취미가 직업이 될 수 없다는 사실도 그녀가 조각 공예에서 느끼는 목적과 즐거움을 빼앗진 못했다. 나도 글쓰기, 유머, 강연, 달리기 같은 생계와 무관한 취미들을 완벽하게 숙달하려고 노력하면서 큰 의미를 느꼈다. 당신도 그런 경험이 있을 것이다. 진행 능력, 크로스핏, 비디오 게임…… 그 무엇이든 될 수 있다.

취미 활동에는 특별히 교화적인 것들도 있다. 한 예로 윈스턴 처칠^{Winston Churchill}은 심한 우울증(그는 자신의 우울증을 '검은 개'라고 불렀다)과 세계 대전으로 고통받던 당시, 그림을 그리면서 큰 위안과 목적의식을 얻었다. 취미의 영향력에 관해 이야기하는 《취미로 그림 그리기^{Painting as a Pastime}》라는 책을 쓰기도 했다. 그 책에서 영감을 받아 수많은 사람이 그림을 그리기 시작했다. 특히 미국 대통령 조지 W. 부시^{George W. Bush}는 미술에 의지해 가장 중대한 시련을 잘 넘겼다. 워런 버핏^{Warren Buffett}은 우쿨렐레를 연주하며, 배우 닉 오퍼맨^{Nick Offerman}은 목공예를, 레슬리 만^{Leslie Mann}은 외발자전거를, 수잔 서랜든^{Susan Sarandon}은 탁구를 즐긴다. 어떤 사람들은 건강이나 행복과 관련된 취미를 추구한다. 그들은 명상으로 마음을 차분하게 가라앉혀 불안감을 없애거나, 운동을 통해 건강을 가꾼다.

당신의 취미는 무엇인가? 5장에서 취미의 중요성을 강조했었다. 이제는 취미에서 장인 정신을 추구하는 것에 대해 이야기해 보자. 직무 과제와 마찬가지로, 가장 대표적인 취미 한두 가지에서 장인 정신을 추구하는 방법이 있는지 적어 보자. 자신만의 목표를 정해서 책임감 있게 달성한다. 가족이나 친구들에게서 피드백을 얻거나, 경쟁 기회를 찾을 수도 있을 것이다. 만약 취미가 운동이라면 간단하다. '펠로톤 앱에서 매달 최고 기록 세우기'라든가 '5km 달리기 기록 매달 5% 개선하기' 같은 목표는 수량화가 가능하다. 요리나 음악 같은 분야의 취미는 좀더 주관적인 기준이나 경쟁 결과를 통한 집단 피드백이 필요할 수 있다. 서로 격려하고 책임감을 느끼면서 취미를 발전시켜 나갈 친구가 있으면 좋다.

장인 정신을 추구하면 취미 활동이라도 아무 생각 없이 하게 되지 않는다. 의식적인 태도로 임하게 되므로 취미에서도 의미를 찾을 수 있다.

셋째. 경쟁할 기회를 찾아라

전 세계의 수많은 사람이 기껏해야 평균 실력이라는 것을 알면서도 해마다 5km, 10km 달리기나 마라톤 같은 로드 레이스에 도전하는 이유가 있다. 비즈니스에서 '게임화gamification'라는 말이 유행하는 데도 이유가 있다. 6학년 학생들이 철자 맞히기 대회나 지리 경진 대회를 열심히 준비하고, 아이들이 해마다 열리는 운동회를 고대하는 것도 마찬가지다.

원래 인간은 경쟁에 반응하게 되어 있다. 우리는 경쟁 과정이 유익하다고 느낀다. 승리뿐 아니라 경쟁하는 것 자체 말이다. 경쟁에 참여하면 내 기술을 남들에게 보여주고, 다른 사람들과 견주어 볼 수 있다. 경쟁은 실력을 갈고닦는 데 집중하게끔 동기를 부여해 준다. 다른 경쟁자들보다 뛰어났을 때에도, 실패하고 다시 일어나 도전했을 때에도 모두 의미 있는 순간이 만들어진다.

일과 취미에서 장인 정신을 추구하는 방법을 찾았다면, 그다음에는 경쟁 기회를 찾아보자. 요리 대회, 크로스핏 대회, 유도 시합, 도그쇼, 사진 공모전, 해커톤 같은 것들은 전부 기술 연마에 집중하게 해줄 뿐만 아니라, 자신의 실력 수준을 다른 사람들과 비교하고, 스스로 시험해 볼 수 있게 한다. 경쟁을 두려워하는 사람들도 있는데, 여러 분야에서의 건전한 경쟁은 매우 유익하며, 어떤 기술에 대해서든 진정으로 최선을 다하도록 도와준다. 물론 경쟁의 목적은 이기는 것이다. 하지만 좋아하는 일을 더 잘하기 위해 노력하는 과정에서 의미가 생긴다는 것이야말로 건전한 경쟁의 핵심이다.

앞에서 직무 과제와 취미에서 장인 정신을 추구할 수 있는 방법들을 적었을 것이다. 그렇다면 이제 경쟁하는 방법을 찾아야 한다. '보스턴 마라톤 대회'에 나가는 것처럼 거창할 수도 있고, 하루에 몇 보를 걸었는지 친구 다섯 명에게 문자로 보고하는 것처럼 간단할 수도 있다. 직무 과제의 경우, 컴퓨터 프로그래머로서 해커톤에 출전하거나, 팀원들끼리 일주일이나 한 달 동안 어떤 목표를 추구하는 친선 경기를 개최하는 방법도 있다.

공개적인 경쟁이 별로 내키지 않거나 당신이 추구하는 기술이 공식 대회에 적합하지 않다면 자기 자신과 경쟁하는 방법을 찾아라. 취미가 웨이트 운동이라면 중량을 점점 늘려 나가 최고 기록을 달성한다. 어떤 작업을 수행하는 데 걸리는 시간을 점점 단축해 갈 수도 있다. 학생들의 시험 점수를 지켜보면서 수업을 점차 개선할 수도 있을 것이다. 남들과 경쟁하는 것도 가치 있지만, 과거의 자신과 경쟁하는 것이 가장 건전하고 쉬운 방법일 수도 있다.

넷째. 타인의 기술을 보고 감탄하라

스포츠 작가 빌 시몬스^{Bill Simmons}는 〈신은 클리블랜드를 사랑한다^{God Loves Cleveland}〉라는 제목의 흥미로운 기사를 쓴 적이 있다. Grantland.com에 올라온 그 기사는, NBA 선수 르브론 제임스^{LeBron James}가 2014년 마이애미를 떠나 고향 오하이오의 팀에 돌아가기로 한 결정을 다루었다. 하지만 내가 그 기사에서 가장 좋아하는 구절은 시몬스가 여담 삼아 마이클 조던^{Michael Jordan}의 경기를 보고 느낀 강렬한 감정을 서정적으로 언급한 부분이다. 일부 내용을 소개하자면 다음과 같다.

──────── 나는 마이클 조던(MJ)이 농구 선수로서 여러 단계에 놓여 있을

때 그의 경기를 직접 보았다. 그중에서도 가장 좋았던 건 야구에 도전했다가 좀 더 겸손해지고 지혜로워져서 시카고 불스로 돌아온 MJ가, 여전히 녹슬지 않은 실력으로 우리 보스턴 셀틱스의 자존심을 완전히 뭉개버린 시합이었다. 어느 날 저녁에 열린 그 경기에서 우리 보스턴 팬들은 보스턴을 놔두고 MJ를 응원하기 시작했다. 우리가 팀을 배신한 것이 아니었다. 우리는 래리 버드(보스턴 셀틱스에서 뛰었던 전설적인 농구 선수 ―역주)의 시대에 특별한 위대함을 목격한 적 있었기에, 그것이 무슨 의미이고 얼마나 보기 드문지 잘 알고 있었다. 우리는 그런 특별한 위대함을 그리워했다. 그래서 MJ의 경기를 보며 마치 오랜 친구를 다시 만난 것처럼 반가웠던 것이다.

조던은 역사상 가장 위대한 농구 선수였다. 아니, 역사상 가장 위대한 운동선수일지도 모른다. 전 세계에서 수백만 명이 어린 시절 그를 동경했다. 인종과 종교, 국가를 막론했으며, 심지어 농구를 좋아하지 않는 사람들까지도 아울렀다. 그것은 우리 안의 무엇인가가 위대함에 끌리기 때문이다. 우리는 인간의 한계를 극복하고 초월적인 경지에 도달한 재능을 보고 싶어 한다. 세레나 윌리엄스 Serena Williams의 강력한 서브, 더스틴 존슨 Dustin Johnson의 완벽한 드라이버 스윙, 브루스 스프링스틴 Bruce Springsteen의 환상적인 라이브 공연, 마야 안젤루 Maya Angelou의 시 낭송을 보는 것을 사랑한다. 장인 정신을 아는 사람일수록, 완벽한 기교를 더 높이 평가한다.

장인 정신을 알아보는 것은 훈련으로 얼마든지 가능하다. 세계적인 경영 석학 故 클레이튼 크리스텐슨 Clayton Christensen이 하버드 경영대학원 1학년 때의 이야기를 한 적이 있다. 당시 그는 강의실 뒤에 앉아서 그날 학우들이 던진 가장 좋은 질문을 적곤 했다. 집에 돌아가 질문을 읽으면서 훌륭한 질문에 담긴 통찰력에 감탄하고, 좋은 질문을 떠올리는 법을 스스로 연습했다고 한다.

우리 주변에는 언제나 뛰어난 인재들이 있다. 그 사람들이 어떤 방법으로 기술을 연마하는지 꼼꼼히 살펴보자. 그들의 뛰어난 기술이 그들 자신과 주변 사람들에게 어떤 영향을 주는지 상기한다면, 더 존경스러운 마음이 들 것이다. 동시에 당신에게 자기 계발의 여정에 나설 동기를 부여해 줄지도 모른다. 스스로에게 다음 질문들을 해보자.

① 내 주변에서 맡은 일에서 비범한 능력을 보이는 사람 다섯 명은 누구인가?

② 그들이 하는 일이 왜 그렇게 특별한가?

③ 그 정도 경지에 이르려면 어떤 연습과 재능이 필요할까?

④ 그들은 어떤 희생을 했는가?

⑤ 내가 그들에게 배울 점은 무엇인가?

내 비서였던 한 여성은 장인 정신을 가지고 일했다. 그녀는 체계적인 방식을 갖춰 놓고 기본 업무를 처리했고, 내가 전혀 생각지도 못했던 방법으로 일정을 효율적으로 관리했다. 회의 사이의 이동 시간을 미리 계획하고, 달력에 일정을 색깔별로 구분해서 표시했으며, 집중 업무 시간을 분리해 주었다. 그리고 내가 팀 회의의 리듬과 일관된 회의 장소까지 고려하도록 돕기도 했다. 놀라운 업무 효율을 선보인 그녀는 우리 팀의 커뮤니케이션과 고객 서비스 부문의 실질적인 책임자가 되어 프로젝트를 주도하고 팀원들의 소통을 개선해 주었다. 가장 인상적이었던 것은 이 모든 일을 대하는 그녀의 태도가 놀라울 정도로 긍정적이었다는 것이다. 업무 처리 능력을 계속 다듬어 나가는 그녀의 노력과 헌신을 보면서 나는 큰 감명을 받았고, 많은 것을 배울 수 있었다.

타인의 능력을 주의 깊게 살펴보면 뇌에 새로운 습관이 생긴다. 다른 사람들의 장점을 먼저 찾으려 하고 그들의 희생과 노력에 감사할 줄 알게 되는 것이다. 무엇보다 스스로가 일에 쏟는 노력에 더 큰 의미를 부여하게 된다.

장인 정신의 부름

우리의 일과 사생활에는 장인 정신을 추구할 기회가 무수히 많다. 조금씩 더 잘하려고 노력하며 자신에게 가능한 최고의 경지에 오르는 과정에서 커다란 의미와 성취감을 얻는다. 그런 당신을 보면서 다른 사람들도 인생을 다르게 살아 보겠다는 동기가 부여되어, 몰입과 성취감의 기회를 찾아 나설지도 모른다. 당신의 삶에는 장인 정신을 추구하고 사람들에게 영감을 줄 수 있는 어떤 기회가 있는가?

09
·······
일을 봉사와
연결하라

행복을 위한 황금 갈피

🪶 가장 어두운 날의 한 줄기 빛   🪶 베풂의 이자는 행복

🪶 타인을 돕는 것이 나를 돕는 것

리사 할렛 Lisa Hallett은 미래의 남편이 될 존을 유치원생 때 만났다. 그때 존은 초등학교 2학년이었다. 학창 시절 내내 두 사람은 서로 아는 사이였지만 도중 2년 동안은 만나지 못했다. 어린 시절엔 영원처럼 느껴지는 긴 시간이었다. 그러다 15세 때 존과 같은 교회에서 멕시코로 '집 짓기' 선교 여행을 떠나게 되었다. 리사는 그곳에서 집 일곱 채의 뼈대를 세우는 작업을 함께 하면서 존과 사랑에 빠졌다. "전 그 여행에서 돌아와 주변 사람들에게 나중에 존 할렛과 결혼해 그를 닮은 빨간 머리 아기들을 낳을 거라고 말하고 다녔죠."

두 사람은 존이 웨스트포인트 육군사관학교 졸업반이고, 리사가 캘리포니아 대학교 샌타바버라 캠퍼스에 다닐 때 사귀기 시작했다. 2001년 6월 존이 웨스트포인트를 졸업할 때까지 둘은 행복한 연애를 즐겼다. 3개월 후 세계무역센터 쌍둥이 빌딩이 무너졌을 때, 리사는 샌프란시스코에 있었고 존은 포트 베닝Fort Benning에서 훈련 중이었다. 리사는 존을 따라 하와이 기지로 갔고, 존이 이라크에 파병되기 3주 전인 2003년 12월 27일 결혼식을 올렸다. 존은 결혼하자마자 14개월 동안 파병을 떠나 있었다. 그가 돌아온 후 두 사람은 조지아로 이사했고, 루이지애나를 거쳐 마침내 2008년에는 중대장이 된 존과 함께 워싱턴주에 정착했다. 사랑스러운 두 아들도 생겼다. 그리고 셋째로 딸을 가진 리사가 임신 9개월째에 접어든 2009년 7월 11일, 존이 아프가니스탄으로 파병되었다.

그 해 8월 25일, 존은 남부 아프가니스탄에서 목숨을 잃었다. 콜레라가 발생한 마을로 구호 임무를 나갔다가 공격받았던 것이다. 목숨

같이 사랑하는 존이, 조국을 위해 목숨을 잃었다는 소식에 리사의 가슴이 무너졌다. 그녀는 아빠 얼굴도 모르는 딸을 비롯해 세 아이를 혼자 키워야 했다. "영화에서 봤던 끔찍한 일들이 제 인생에 정말로 일어났어요. 두 번 다시는 행복해질 수 없을 거라고 생각했죠."

리사는 힘들 때마다 달리기에 매달렸다. 달릴 때면 아직 어린 자녀들에게 상처받고 두려워하는 모습을 보여주지 않고 마음껏 울 수 있었다. 첫 주에는 친구 캐리와 함께 달렸다. 주변에서 목숨을 잃는 군인들이 더 많이 생겨나자, 그녀는 자신처럼 고통받고 있는 다른 여성들에게 다가갔다. 어느 날은 존이 이끌던 1-17 버펄로 중대원의 아내들이 한자리에 모였다. 그들은 남편들이 훈련 때 입었던, 파란색 바탕에 커다란 물소가 그려진 티셔츠를 입고 함께 달렸다.

달리기는 리사의 사명이자 신성한 공간이 되었다. 다른 사람들과 이어지고, 그들이 시련을 이겨내도록 도와주는 방법이 되었다. 그녀를 비롯해 수많은 이가 잃고 만 사랑하는 사람을 추모하는 자리이기도 했다. 리사와 달리기 모임 회원들은 조국을 위해 희생한 이들의 이름을 소리 내어 부르고, 달리기 코스에 그들을 추모하는 깃발을 꽂았다. 그렇게 모임의 규모가 점점 커지고 주변 사람들에게 끼치는 영향이 두 눈으로 확인되면서, 리사는 거기에서 멈춰서는 안 된다는 사실을 깨달았다.

2011년, 리사는 에린 오코너^{Erin O'Connor}와 함께 비영리로 운영되는 추모 달리기 단체 '웨어 블루: 런 투 리멤버^{wear blue: run to remember}'를 설립했다. 워싱턴주에 본부를 둔 이 단체는 미국 전역의 48개 달리기 커뮤니티로 확장되었다. 여기에는 매주 토요일 수백 명이 같은 시간에 만나는 6개의 기반 커뮤니티가 포함된다. 사람들은 달리기를 시작하기 전에 동그랗게 서서 추모하는 이들의 이름을 외친다.

또한 웨어 블루는 전국 14개 대회를 후원하거나 파트너십을 맺고, 1마일 구간 동안 세상을 떠난 이들의 사진과 깃발을 땅에 꽂는 이른바 '추모의 1마일^{memory mile}' 이벤트를 주최한다. 지금까지 백만 명이 넘는 사람들이 추모의 1마일 구간을 달렸으며, 리사의 단체는 지금까지 1,500명이 넘는 군인들을 기리게 되었다. 현재는 사망한 군인들의 자녀를 현직 군인과 연결해, 함께 달리고 조언을 얻게 하는 '골드 스타 유스^{Gold Star Youth}' 멘토십 프로그램도 운영한다. 리사의 아이들도 참여하고 있다. "이 단체는 우리 아이들을 또다시 희생자로 만드는 게 아니라 아이들에게 힘을 실어 줍니다. 그게 바로 제가 원하는 거예요."

리사는 사랑스러운 세 자녀에게 무척 좋은 엄마이기도 하다. 여전히 존을 사랑하며, 교육학 석사 학위 보유자이자 '교육 활동가'로서 다양한 분야에서 일하고 있다. 또한 그녀는 사망한 군인의 가족이다. 비영리 단체 설립자 겸 전무이사로, 삶의 가장 힘든 지점에 놓인 사람들을 돕는다. 신앙심과 애국심이 깊고, 회복력이 뛰어난 사람이다.

그리고 존과 마찬가지로, 그녀는 봉사에 헌신한다. 리사는 삶의 가장 고통스러웠던 순간에 삶의 가장 의미 있는 일을 찾았다.

리사의 행복 만나보기

#2　　슈퍼우먼 리사의 충만한 24시간

봉사를 중심에 놓아라

· · · · · · · · · · · · ·

의미는 여기저기에서 받는 칭찬이 아니라 남을 도와주는 데서 나온다. 강력한 목적의식을 가진 사람들은 이 사실을 잘 알고 있다. 리사처럼 큰 개인적 비극으로 고통받아야만 봉사에 눈을 돌리게 되는 것은 아니다. 충만하고 의미 있는 삶의 비결은 부와 권력, 명성이 아니라 남을 위해 자신의 재능과 경험을 투자하는 기쁨에 있다는 것은, 누구나 얻을 수 있는 깨달음이다.

간단히 말해서 봉사는 타인의 이익을 위하는 행위를 말한다. 타임 지에 실린 〈행복의 비밀은 다른 사람을 돕는 것 The Secret to Happiness Is Helping Others〉이라는 기사에서, 박애주의 자선활동 전문가 제니 산티 Jenny Santi 는 봉사가 행복에 중요한 역할을 한다는 사실을 보여주는 증거 자료를 검토한 끝에 다음과 같은 결론을 내렸다. "베풂이 곧 개인의 성장과 지속적인 행복으로 가는 길이라는 경험 증거는, 과학적 연구에 의해서도 강력하게 뒷받침된다." 시카고 대학교와 노스웨스턴 대학교의 연구진은 타인에게 선물을 주는 것이 자신에게 선물을 주는 것보다 더 지속적인 행복을 느끼게 한다는 사실을 발견했다.[1] 미국 국가 및 지역사회 봉사단 Corporation for National and Community Service 도 봉사가 삶의 만족도와 정신 건강에 미치는 긍정적인 영향에 관한 자료를 널리 발표했다.[2] 좋은 일을 하면 수명이 연장되는 효과까지 있다.[3] 직감적으로 누구나 아는 사실이다.

당신도 봉사의 힘을 개인적으로 경험한 적이 분명 있을 것이다. 그러나 현실의 시련, 고난, 잡동사니에 치여 바쁘게 살아가다 보니 봉사할 시간을 내기가 쉽지 않다.

일상 업무를 의식적으로 당신이 최종적으로 돕는 사람들과 견고하게 연결하면, 좀더 큰 목적의식을 가지고 일을 수행할 수 있다. 새로운 봉사 기회를 찾거나 기존의 업무에 봉사 정신을 부여하는 것은, 일에서 목적과 행복을 찾는 열쇠가 되어줄 수 있다.

봉사 기회는 거의 모든 직업에 들어 있고, 봉사할 수 있는 사람 역시 무한하다. 그리고 회계사나 변호사, 조달 전문가 등, 사람마다 봉사는 다른 모습으로 나타난다. 보다 봉사 지향적인 태도를 추구하려면 행동에 대한 헌신과 사고방식의 변화가 모두 필요하다.

프레임워크는 최소한의 기본에 충실하기 위한 유용한 방법이다. 봉사를 위해 자신의 일을 가장 잘 다듬을 길을 고려하고 있다면, 적어도 여섯 개의 영역을 살펴봐야 한다. 고객, 동료, 자본, 공동체, 파트너, 사랑하는 사람들. 이것이 바로 다음 그림에 나오는 '봉사의 4C & 2P 접근법'이다.

 봉사의 4C & 2P 접근법

구분	누구인가	실제 어떤 모습인가
고객 (Clients or Customers)	일과 관련한 주요 봉사 대상: 조직의 목적이자 당신이 맡은 직무 과제의 주요 수혜자	고객의 기분을 즐겁게 만드는 계산대 직원 클라이언트의 목표를 진정으로 이해하고 실현해 주고자 노력하는 재무 설계사 깊이 공감하는 태도로 환자들을 치료하는 의사
동료 (Colleague)	같은 조직에서 매일 함께 일하는 사람들	도움이 필요한 동료에게 멘토 되어 주기 몇 시간을 투자해 동료의 마감을 돕되 공은 채 가지 않기 상 당한 동료에게 꽃 보내기
공동체 (Community)	당신이 살고 일하는 공동체: 동네나 도시, 국가에 중요한 사람들과 조직들	조직의 자선 결연 활동 프로그램 장려하기 팀원들과 무료 급식소 봉사하기 위기 아동에게 개인 교습 봉사하기
자본 (Capital)	당신이 몸담은 회사의 성공으로 이익을 얻는 이해관계자들: 퇴직 연금 펀드, 대학 등록금을 저축하는 사람들, 자선단체, 당신과 비슷한 사람들	은퇴나 자녀의 대학 교육을 당신의 조직에 의지하는 사람들이 목표를 이룰 수 있도록 신탁자의 책임감을 갖고 양심적으로 일하기 주인의식을 이해하고 머릿속에 이해관계자들을 떠올리기
파트너 (Partners)	당신이 고객이고 당신과의 거래가 생계에 중요한 공급업체 또는 서비스 업체	공급업체나 서비스 업체, 합작 투자 업체를 존중하는 태도로 대하기 책임감을 요구하되 인간적이고 공감하는 모습 보여주기 함께 일하는 컨설턴트에게 안부 묻고 대화하기
사랑하는 사람들 (People)	당신이 하는 일에서 이익을 얻는 직장 밖의 사람들	당신의 노력으로 이익을 얻는 사람들에 대해 생각하는 시간 가지기: 요양원에 계시는 부모, 어린이집에 다니는 자녀, 목표를 위해 노력하는 배우자, 새로운 도전을 하는 친구 등

173

봉사의 4C & 2P 접근법

. . . .

고객

빌 조지^{Bill George}는 전설적인 경영자이다. 그는 미국 국방부, 허니웰, 리턴에서 근무한 후 의료기기 업체 메드트로닉^{Medtronic}의 최고운영책임자^{COO}를 거쳐 CEO가 되었다. 그가 CEO로 재직하는 동안 메드트로닉은 기업 가치 7억 5천만 달러의 심장 장치 제조업체에서 64억 달러의 가치를 지닌 종합 의료기기 기업으로 성장했다. 2002년에 일선에서 물러난 그는 학위를 더 취득한 뒤, 리더십에 관한 글쓰기와 교육, 강연에 집중하기 시작했다. 현재 그는 '진정한 리더십'을 다룬 저서 여러 권을 발표한 작가이고, 하버드 경영대학원 교수이며, 세계에서 가장 중요한 기업들의 이사이기도 하다. 그는 목적과 의미에도 집착에 가까울 정도로 관심이 많다. 사실 그는 지금까지 이룬 것만으로도 충만함을 느낄 수 있는 사람이다. 하지만 그는 항상 남들에게 봉사하고, 같이 일하는 사람들이 일과 봉사를 연결하도록 할 때 가장 큰 보람을 느낀다. 특히 사람들이 모든 조직의 가장 순수한 임무인 '고객 봉사'에 집중하도록 도울 때 그렇다.

언젠가 빌은 어떻게 그가 메드트로닉의 연례회의에서 환자와 직원을 모두 강조했는지를 나에게 알려 주었다. 예를 들면 제세동기 덕분에 목숨을 건진 사람을 초대해서, 직원들에게 그들의 일이 자기 목숨을 구했다는 이야기를 들려주게 하는 것이다. 메드트로닉의 품질관리 팀 직원을 거론하면서 그의 헌신과 철저함이 수천 명의 생명을 구했다고 설명하는 식이다. 빌은 동료들을 그들이 봉사하는 사람들과 직접 연결했다. 조직의 목적과 직원들이 매일 하는 일에 담긴 의미를 직접적인 사례로 보여줌으로써, 직원들이 일을 단순한 직업이 아니라 사명으로 바라보게 해주었다. 메드트로닉이 만드는 의료기기와 구해진 사람들 간의 연결고리는, 필연적으로 빌에게도 큰 의미를 주었다.

이제 빌의 '고객'에는 독자와 학생들도 있다. 그는 사람 목숨이 걸린 의료기기 사업의 고객만큼이나 독자와 학생 고객들에 대해서도 진지하게 생각한다. 조지아 공과대학교에 새 건물을 세울 기금을 모았으며, 하버드 대학교에도 장학금을 후원했다. 자신의 강의나 직접 추진한 프로그램을 거쳐가는 여러 학생과도 많은 시간을 보낸다. 소셜 미디어에서 독자 및 제자들과 연락하면서 활발하게 활동하고, 글쓰기를 통해서는 사람들이 진정한 리더십을 발견하도록 돕는 일에 헌신한다.

빌의 행복 만나보기

빌이 말하는 '진정한' 리더십

당신이 일하는 조직의 최종 고객은 누구인가? 제한된 예산으로 자녀들에게 영양가 있는 식사를 준비해 줘야 하는 슈퍼마켓 쇼핑객? 날카로운 안목으로 이끌어 줄 교사가 없으면 안타깝게도 타고난 재능을 발휘하지 못하는 학생? 생명의 위협 앞에서 두려움을 느끼는 병원 환자들? 가장 중대하고도 고통스러운 순간에 상담을 하러 찾아온 부부? 휴대전화 요금제에 문제가 있어서 전화로 친절하게 도와줄 상담원이 필요한 사람?

내 고객에 대해 시간을 들여 성찰하고 관심을 기울이자. 이것은 모든 사업의 성공을 이루는 토대이자 일에 의미를 부여하는 가장 빠른 길이다. 스스로에게 고객이 누구인지 물어보고, 공감하는 태도로 그들의 삶에 대해 생각해 보자. 그들의 개인적인 삶은 어떤 모습인지, 어떤 압박감과 두려움, 희망을 느끼는지를. 깊은 공감을 통해 그들을 더 잘 이해하고 더 잘 봉사할 수 있을 것이다. (다음 글 '공감 키우기'에 이 중요한 기술을 키우는 팁을 소개해 두었다.)

 공감 키우기

공감은 위대한 리더와 봉사에 헌신하는 사람에게서 모두 나타나는 특징이다. 최근 연구 결과에 따르면, 공감 능력이 뛰어난 리더일수록 조직의 수익성과 생산성에 미치는 영향력이 크다.[a] 현실에서도 우리는 우리를 이해할 수 있는 자세나 능력을 갖춘 친구나 동료에게 끌리기 마련이다. "타인의 감정을 이해하고 공유하는 능력"

a. 마이클 슈나이더(Michael Schneider), "구글 연구 결과에 따르면 유능한 관리자일수록 감성지능을 활용하며 한 가지 공통점이 나타난다(A Google Study Revealed That the Best Managers Use Emotional Intelligence and Share This One Trait)", 2017년 11월 16일, https://www.inc.com/michael-schneider/a-google-study-revealed-that-best-managers-use-emotional-intelligence-share-this-1-trait.html

이라고 정의되는 공감은 봉사의 핵심 요소이다. 하지만 어떻게 그 능력을 기를 수 있을까?

여기 다른 사람을 대할 때 공감하는 태도로 상대방의 관점에서 생각하도록, 스스로에게 물어볼 수 있는 몇 가지 질문이 있다.

1. **지금 이 사람에게 영향을 미치는 상황은 무엇인가?** 작가 존 왓슨(John Watson, 필명 이안 맥클라렌Ian Maclaren)은 이렇게 적었다. "만나는 모든 사람에게 친절하게 대하라. 그들 모두가 당신이 모르는 싸움을 하고 있으니." 옳은 말이다. 사람은 누구나 기쁨과 고통, 성공과 패배의 거미줄과 같은 자기 이야기의 한가운데에 서 있다. 질문을 통해 상대방이 놓인 상황을 완전하게 이해하고, 그 사람을 올바른 맥락에 놓고 바라보아야 한다.

2. **상대방이 어떤 감정을 느낄까?** 시련과 승리가 그 사람의 감정과 동기에 어떤 영향을 끼칠지 상상해 본다. 실례가 되지 않는다면 "힘들겠다. 좀더 말해 줘." 같은 간단한 표현으로 직접 물어봄으로써, 상대방이 이해 받는다고 느끼고 마음을 열게 할 수 있다.

3. **저 상황이라면 나는 어떻게 느끼거나 반응할까?** 그 사람의 입장이 되어 본다. 그냥 단순히 상대방이 어떤 감정을 느낄지 상상하지 말고, 나라면 어떨지를 생각해 봐야 한다. 나라면 과연 어떻게 반응할까? 어떤 두려움과 행동 유인이 작용할까? 여기에는 약간의 위험이 따른다. 사람은 저마다 달라서 상대방이 이 상황에 대해 느끼는 감정이 나와 매우 다를 수 있기 때문이다. 그러나 그 사람의 처지에서 생각하는 일은, 적어도 당신이 그와 비슷한 감정에 좀더 가까워지도록 도울 수 있다. 또한 그 사람과 함께 파고들 만한 통찰이 나올 수도 있다.

4. **내가 저 사람에게 필요한 것을 줄 수 있을까?** 누군가에게 봉사할 때에는, 내가 상대방에게 어떤 도움을 줄 수 있는지 생각해 보는 것이 필요하다. 그냥 그 사람의 이야기를 들어주는 것만으로 충분할 수도 있다. 해결책이 아니라 단지 이야기를 들어줄 사람이 필요할 때가 있으니까 말이다. 아니면 한층 더 적극적으로 나서 실질적인 문제 해결을 도와줄 수도 있다.

5. **어떻게 하면 이해 받는다고 느끼게 할 수 있을까?** 공감 능력을 키우려면 나의 관심과 우려를 상대방에게 전달할 수 있어야 한다. 누군가가 복잡한 고민을 이야기하면 이해한 바를 당신의 언어로 되풀이해서 말하라. 잘 귀담아 들었음을 알려주는 것이다. 사려 깊은 질문을 하라. 그리고 상대방이 지금 어떤 기분을 느끼는지, 현재 내가 깊이 이해하고 공감한다고 말해 주어라.

공감은 꾸밀 수 없고 그래서도 안 된다. 반드시 진심이 담겨야 한다. 선천적으로 공감 능력이 뛰어나지 못한 사람이라도 이런 질문을 떠올리는 습관을 기른다면, 점차 공감에 능숙해질 수 있을 것이다.

동료

컨설턴트로 일한 지 얼마되지 않았을 때, 나는 위스콘신주 매디슨 근처에서 특별히 어려운 업무를 맡게 되었다. 매주 월요일 새벽 4시에 일어나 애틀랜타에서 매디슨까지 비행기로 날아가서, 목요일 밤이 깊어서야 집에 돌아왔다. 내가 머무른 호텔은 시설은 괜찮은데 별다른 특징이 없는 곳이었다. 현장에 있는 동안 14~16시간 동안 일했는데, 간단하게 먹을 만한 근처 식당이 많지 않아 일주일 내내 베이커리 체인점 파네라Panera에서 식사를 했다. 기업 전략 분야인지라 일 자체는 무척 흥미로웠지만 매일 하루가 고단했다. 업무가 진행되는 4개월 내내 매우 힘들 수밖에 없는 환경이었다.

그러나 아주 멋진 팀이 나를 구해 주었다. 남녀 두 명씩으로 이루어진 우리 팀은 국적도 성격도 제각각이었다. 하지만 뛰어난 유머 감각과 업무 성과에 대한 헌신, 서로 돕고 봉사하려는 의지는 똑같았다. 함께 일하면서 돈독한 관계를 쌓은 덕분에(몇몇과는 지금까지도 인연을 이어가고 있다), 힘든 프로젝트도 무사히 헤쳐 나갈 수 있었다.

긍정적인 관계에 투자해야 하는 중요성에 대해서는 다음 장에서 자세히 살펴보도록 하자. 다만 분명한 사실은, 우리 주변에서 찾을 수 있는 간단한 봉사 기회는 바로 직장 동료들에게 있다는 것이다. 때로 이 봉사는 공식적일 수도 있다. 관리자가 직원들의 역량 계발에 전념하거나, 멘토가 멘티를 위해 헌신하거나, 부하가 상사의 성공을 위해 노력하는 것처럼 말이다. 하지만 비공식적일 수도 있다. 동료가 아플 때 업무를 도와주거나, 일부러 시간을 내어 누군가를 격려하고 지도해 주거나, 아니면 단순히 대화하면서 동료들과 친분을 쌓는 모습일 것이다. 어떤 형태이든 간에 동료에 대한 봉사는 무척 중요하다. CapEQ의 설립자이자 인간관계와 봉사에 대한 헌신이 남다른 티네시아 보예-로빈슨Tynesia Boyea-Robinson이 그 점을 잘 설명해 준다.

> ───── 저는 사람을 좋아하고 문제 해결도 좋아합니다. 지금은 사람들을 위해 문제를 해결해 주고 있지요. 어떻게 하면 사람들이 최선의 삶을 살고 잠재력을 최대한 발휘할 수 있을까요? … 재능의 개념은 기본적으로 사람은 누구나 가치 있다는 것입니다. 그런데 너무도 많은 사람이 가치를 인정 받지 못하면서 살아갑니다. 누구나 일상에서 자신의 가치를 느껴야만 합니다.

동료들끼리 서로 봉사하는 일터일수록 더 행복하고, 건강하며, 생산적이다. 타인이 최고의 잠재력을 발휘하도록 도우면 진정한 목적의식을 느낄 수 있다. 이 주제를 집중적으로 연구한 엠마 세팔라Emma Seppala와 킴 카메론Kim Cameron은 이렇게 적었다. "긍정적이고 도덕적인 문화를 발전시켰을 때, 조직은 재무 성과와 고객 만족, 생산성, 직원 참여도 등을 포함해 높은 수준의 조직 효율성을 얻을 수 있다."[4] 마찬가지로 대가를 바라지 않고 동료들에게 봉사할 때, 우리 개인도 강한 목적의식을 경험할 수 있다.

공동체

책의 앞부분에서 소개한 베리 대학교의 학생 기업Student Enterprises 프로그램을 만든 루퍼스 매시를 기억할 것이다. 루퍼스는 여러 다양한 직업을 거쳤지만 대학 교육 분야, 특히 학생 리더를 양성하는 일에서 가장 큰 보람을 느꼈다. 그는 베리 대학교의 학생 프로그램을 맡아 운영하면서, 학생들이 약 1만 헥타르(2만 7천 에이커)에 달하는 학교 캠퍼스 조경 작업처럼 대다수가 하찮게 여기는 일에도 큰 의미를 부여하도록 이끌었다.

베리 대학교는 꾸준히 미국에서 가장 아름다운 10대 대학 캠퍼스로 손꼽히는 곳이다. 루퍼스는 학생들이 잔디를 깎고 나뭇잎을 치우는 일이 단순히 재학생들에 대한 봉사가 아니라, 아름다운 캠퍼스를 보고 영감을 받는 모든 사람에게 봉사하는 일이라는 사실을 깨닫게 해 주었다. 학생 모두의 노력과 봉사로서만 존재할 수 있는, 이 야외 대성

당을 이룩하는 데 그들 한 사람 한 사람이 기여하고 있음을 말이다.

당신은 어떤 공동체의 일원이고, 그 공동체가 이루고자 하는 일은 무엇인가? 직장에서 당신은 고객과의 상호 작용을 개선하고, 모두가 목적의식을 느끼며 봉사할 수 있는 환경을 만들고자 노력하는 고객 서비스 팀의 일원일 수도 있다. 집에서는 가족 구성원과 유대감을 쌓고 저마다의 방법으로 지지해 주는 것이 당신의 봉사일 것이다. 어쩌면 기쁜 일이나 힘든 일이 있을 때 서로 함께해 주는 돈독한 친구 모임을 꾸리는 것이 봉사가 될 수도 있다.

이웃, 학교, 회사, 조직, 가족, 친구, 도시, 국가 등 우리가 속한 모든 공동체를 떠올려 보자. 그 안에서 다른 사람들을 위해 봉사할 수 있는 고유한 방법을 찾아낸다면, 인생에서 가장 큰 성취감을 느낄 수 있을 것이다.

자본

예전에 한 자산 관리 기업에서 일할 때의 일이다. 어떤 팀 사무실의 안내 데스크에 아주 멋진 그림이 걸려 있었다. 소방관, 교사, 경찰이 일하는 모습이 담긴 그림이었는데, 팀원들에게 그들이 하는 일의 진짜 목적을 떠올리게 했다. 그 팀의 주요 고객은 수백만 명에 이르는 공무원(교사, 소방관, 경찰 등)의 은퇴와 경제적 안정을 책임지는 대규모 연금 보험이었다. 따라서 팀원들은 그들이 하는 일, 즉 투자를 그저 가장 적은 위험 부담으로 가장 큰 수익을 내는 숫자 게임 정도로 생각하기 쉬웠다. 하지만 팀원들은 그림을 보면서 연금 제도에 의존하는 이들이 실제로 존재하는 사람들이며, 자신들이 그들의 경제적 안정을 책임지는 신탁자의 역할을 맡고 있다는 사실을 상기할 수 있었다.

이제 비즈니스 분야에서 '주주shareholder'는 거의 경멸 받는 용어가 되었다. 어떤 회사에는 그 회사의 실적으로 살찌운 고양이들이 요트를 사는 그림이 걸려 있다. 하지만 이 사실을 기억해야만 한다. 대다수의 기업, 특히 상장을 한 공개 기업의 최종 주주는 퇴직 연금이나 공적 연금, 529 교육 저축 연금 보험이거나, 명예로운 은퇴와 고등교육의 기회, 성실하게 일하는 평범한 이들의 재정 안전망을 위해 그 회사에 투자하는 사람이다. 당연히 투자자 중에는 부자도 있다. 하지만 전 세계 투자 자산 약 98조 5천억 달러 중 약 30조 달러는 일반인들의 연금 보험에 들어 있고, 13조 9천억 달러는 보험 회사가 운용하며(고객들에게 생명보험과 건강보험 등을 제공하기 위해), 3조 7천억 달러는 국부펀드에서 나오고(종종 국민을 위한 자원 확보에 사용된다), 2조 3천억 달러는 비영리 기금과 재단이 투자한 것이다. 개인이 시장에 투자한 40조 4천억 달러도 나나 당신 같은 보통 사람들이 자신의 이익을 위해 투자한 돈이다.[5] 이 자금의 주인들은 더 나은 미래를 희망하면서 당신의 회사를 믿고 돈을 맡긴다. 어떤 조직에서 일하든 주주, 즉 자본 제공자가 정확히 누구인지 알면 맡은 일에서 더 큰 성취감을 느낄 수 있다.

당신이 일하는 회사의 주인은 누구인가? 합자 회사인가? 주식을 상장한 공개 기업인가? 사모펀드가 주인인 기업이라면 거의 모든 사모펀드 자본이 퇴직 연금 보험과 기부금, 재단, 기타 기관에서 나온다는 사실을 기억하라. 401(k) 연금(미국의 퇴직연금) 계좌를 살펴보면 당신이 주주인 다양한 기업을 확인할 수 있다. 주식을 보유한 최종 수혜자들과 직접 연결되지 못할 수도 있지만, 그들을 위해 일하고 있다는 사실을 기억하면 일에 더 큰 의미가 부여될 것이다.

파트너

우마이마 멘드로 Umaimah Mendhro 는 파키스탄 난민으로 어린 시절을 보냈고, 미국으로 건너가 성공한 기업 임원이 되었다. 그녀는 개발 도상국에 학교를 지어 주는 비영리 사업을 전개하기도 했다. 최근에는 패션 회사 비다 Vida 를 설립해 CEO로 활약하고 있다.

비다는 예쁜 옷과 핸드백, 액세서리를 판다. 하지만 회사 웹사이트에 언급되어 있듯, "공동 크리에이터들의 세계적인 파트너십"이라는 사업 방식으로 운영된다는 점에서 크게 차별화된다. 선진국의 의류 기업들이 디자이너와 개발 도상국 공급업체들을 착취하는 모습을 많이 본 우마이마는, 소비자들뿐만 아니라 파트너들(디자이너와 생산업체)까지 위하는 회사를 만들었다. 이 회사는 전 세계 다양한 사람들에게 디자인을 소싱하고, 파키스탄을 비롯한 국가의 공급업체에 시중보다 높은 임금을 지급한다. 설립 당시에는 스카프 두 종과 상의 두 종뿐이었지만, 현재는 "150개국 이상에서 12만 5천명의 아티스트가 제공하는 제품이 90가지가 넘고," 셰어 Cher, 프랭크 로이드 라이트 Frank Lloyd Wright 같은 유명인들과 협업도 진행했다.

비다의 비하인드 스토리

　파트너들에 대한 봉사를 중요하게 여기는 비다 같은 기업이 점점 늘어나고 있다. 공정무역 커피를 공급하는 스라이브 파머스[Thrive Farmers], 데이비스 스미스[Davis Smith]가 유타에 설립한 강렬한 색상의 혁신적인 아웃도어 스포츠 및 피트니스 브랜드 코토팍시[Cotopaxi] 등이 그 예다. 그러나 컨설팅과 회계 사무소, 청소 업체, 컴퓨터 제조사에 이르기까지, 누구에게나 비즈니스 파트너가 있다. 이 파트너들은 저마다 우리에게 봉사 기회를 제공한다. 물론 우마이마의 회사처럼 고객에게 봉사하는 사업 모델로 전환하는 것이 불가능할 수도 있다. 하지만 따뜻한 말 한마디와 너그러운 태도, 동료애로 파트너들과의 상호 작용에 더 큰 목적의식을 불어넣는 것은 가능하다. 외주 청소 업체를 상대하는 시설 관리자부터 공급업체와 협상하는 조달 책임자까지, 조직 전체의 누구나 할 수 있는 일이다. 예를 들어 편집자는 작가와 마케터, 시각 디자이너와 함께 일하며, 그 모든 사람에게 영향을 줄 수 있다. 그리고 그 안에는 당연히 그들이 만든 훌륭한 책과 기사를 읽을 독자들이 포함된다. 파트너들도 전부 다 사람이라는 사실을 기억하고 존엄성을 갖춰 대한다면, 파트너십의 의미와 업무 효율성이 커질 것이다.

사랑하는 사람들

벤 카슨^{Ben Carson} 박사의 이야기는 큰 감동을 준다. 그는 열악한 환경 속에서도 예일 대학교에 진학하여 세계적으로 유명한 외과 의사가 되었다. 33세에 존스 홉킨스 병원 소아신경외과 과장이 되었고, 의사로 일하는 동안 의미로 가득한 수많은 업적을 이루었다. 의료계를 떠난 후에는 주택도시개발부 장관을 역임하기도 했다. 하지만 그가 자주 언급하듯, 불굴의 어머니 **소냐 카슨**^{Sonya Carson}이 없었다면 지금의 그도 없었을 것이다.

소냐는 위탁 가정을 전전하며 자랐고, 글도 배우지 못했으며, 정식 교육이라고는 초등학교 3학년까지 다닌 것이 전부였다. 고작 13세 때 28세 남자와 결혼했지만, 남자가 전 부인과 이혼하지 않은 상태라는 것을 알고 헤어졌다. 그녀는 신앙과 아이들에게서 느끼는 목적의식에 기대어 희망을 찾았다. 싱글맘으로 벤과 형 커티스를 키우며 아이들을 먹여 살리기 위해 투잡, 스리잡을 뛰었다. 카슨 부인이 정확히 어떤 일을 했는지 알 수 없지만, 분명 육체적으로 고되고 남들이 꺼리는 그런 일이었을 것이다. 하지만 의욕 넘치고 헌신적이었던 어머니 덕분에 아들은 어머니조차 상상하지 못했을 정도로 높이 날아올라 수많은 아이의 생명을 구하는 의사가 되었다. 분명 힘들고 고되었겠지만 그녀의 일에는 비록 눈에 잘 보이지 않더라도 세상을 바꾸는 거대한 목적이 들어 있었다.

대부분의 사람은 오직 재미만을 위해 일하는 사치를 누리지 못한다. 좋아하는 일을 하고 있을 수도 있지만, 생계유지를 위한 것이라는 사실에는 변함이 없다. 그러나 기본적으로 그럴지언정, 일은 의미 있는 봉사 행위가 될 수도 있다. 부모는 자식을 위해 열심히 일한다. 자식이 없으면 부모나 친척들을 돕기도 한다. 사랑하는 공동체나 어려운 친구에게 금전적인 지원을 해주는 사람들도 있다. 한마디로, 오로지 자기 자신의 필요를 충족하기 위해서만 일하는 사람은 드물다.

당신은 누구를 위해 일하는가? 그 사람 혹은 사람들이 누구인지 생각해 보자. 일 때문에 너무 힘들고 지칠 때면 일이 개인적으로 아끼는 사람들을 위한 봉사라는 사실을 기억하자. 이런 마음가짐으로 일하면 심지어 가장 지루한 일을 할 때에도 일에 보다 큰 의미를 결부시킬 수 있다. 이는 자신의 일만을 생각하는 데서 벗어나 우리가 하는 모든 일이 동료, 파트너, 주주, 고객, 공동체 등 타인에 대한 봉사라고 인식하는 큰 전환의 열쇠가 된다. 일하는 이유를 자주 잊어버린다면 이 사람들을 떠올리게 하는 사진이나 물건을 손에 닿는 곳에 놓아 두자. 그러면 아무리 힘든 순간에도 내가 하는 일이 사랑하는 사람들에게 얼마나 중요한지 되새길 수 있을 것이다.

나는 누구에게 봉사하는가?

· · · · · · · · · · · · · · · · · · ·

　봉사는 사람마다 다른 모습으로 나타난다. 하지만 무슨 일을 하든 고객, 동료, 공동체, 출자자, 사업 파트너, 사랑하는 사람들에게 돌려주는 데 집중한다면, 누구나 더 의미 있는 삶을 만들어 나갈 수 있다.

　다음 표를 이용해 카테고리마다 나의 봉사 대상이 누가 있는지 알아보자. 각 칸에 해당 영역에서 내가 봉사하는 사람이나 조직을 1~3명 적는다. 조직의 경우에는 그 조직에서 구체적으로 나에게 영향을 받는 사람의 이름을 적으면 된다(단, '자본' 카테고리는 좀더 일반적으로 적어도 괜찮다).

　누구를 적어야 할지 잘 모르겠다면 이번 기회에 조사해 보자. 당신이 일하는 조직은 누구와 파트너 관계를 맺고 있는가? 그 회사의 고객은 누구인가? 당신이 업무 시간에 소통하는 사람은 누구이고, 업무를 통해 연결된 사람은 누구인가? 이름을 적었으면 그 옆 칸에 어떻게 하면 봉사를 더 잘할 수 있는지 아이디어를 적어 보라.

　어떻게 하면 이 모든 영역에 더 나은 봉사를 할 수 있을까? 명료한 대답은 없다. 하지만 일단 모든 활동에서 상호 작용하는 모든 사람을 위해 봉사를 추구하자고 마음먹는다면, 그 서비스를 개선할 기회가 더욱 분명해질 뿐 아니라 새로운 기회도 생겨나기 시작할 것이다. 봉사에 전념하겠다고 결심하는 순간, 서서히 새로운 정체성에 걸맞은

행동이 나오게 된다.

"나는 누구에게 봉사하는가?"

분류	누구에게 봉사하는가?	어떻게 더 잘할 수 있을까?
고객		
동료		
공동체		
자본		
파트너		
사랑하는 사람들		

10
·······

긍정적인 관계에
투자하라

행복을 위한 황금 갈피

관심과 신뢰 가지기

직장도 사람 사는 곳   선택과 집중

토머스 라잔^{Thomas Rajan}은 다문화 이슬람 도시 국가 두바이의 기독교 가정에서 태어난 인도인이다. 그의 아버지는 아랍에미리트가 영국으로부터 막 독립한 1972년에 두바이로 이주한 석유 기술자였다. 현재 두바이의 인구는 거의 300만 명에 육박하지만, 토머스가 태어난 1981년만 해도 30만 명이 채 되지 않는 소도시에 불과했다. 석유가 가져다준 풍요로움을 누리려는 사람들이 점점 몰려들면서, 두바이는 한층 활기 넘치고 다원적인 세계 도시가 되었다. 토머스는 그 다양성을 좋아했다. "학교 다닐 때 반에 인도, 파키스탄, 호주, 남아프리카 공화국, 영국, 미국 등 다양한 나라에서 온 친구들이 있었죠. 도시 어디를 가든 한자리에서 그야말로 광대한 인류를 볼 수 있었어요."

하지만 토머스는 나이가 들면서 자신과 비슷하게 생긴 사람들을 향한 차별이 만연하다는 사실도 깨달았다. 그는 고등학교를 졸업하자마자 미국으로 건너갔다. 부모님은 부유하지 않았고 저축한 돈을 두 누나의 교육에 다 썼기 때문에, 토머스는 단돈 250달러만 가지고 애리조나주 글렌데일^{Glendale}로 가서 누나와 매형의 집에 얹혀살아야 했다. 빈털터리였던 그는 첫 학기 등록금 1,754달러를 대출받아 글렌데일 커뮤니티 칼리지에 들어갔다. 돈을 갚지 못할까 걱정이 컸다. 더구나 입학한 지 2개월이 지난 1999년 11월에 두바이에 있는 아버지가 근무 중 사망했다는 소식이 전해졌다. 두바이로 돌아가 어머니를 미국으로 모셔와야 했다. 이제 그는 공식적으로 '가장'이 되었다.

토머스는 어머니와 함께 애리조나로 돌아왔다. 앞날이 막막했지만 어려서부터 공항을 좋아했던 터라, 아메리카 웨스트 항공^{America West}

Airlines의 고객센터 상담원으로 취직했다. 그곳에서 그는 일과 관련해 두 가지를 사랑하게 되었다. 바로 항공사와 사람들이었다.

토머스는 항공 산업에 푹 빠졌다. 매일 수백 명의 사람을 만나 이야기를 듣고, 그들이 비행기 여행을 통해 두려움을 이겨내고 꿈과 희망을 이루도록 도와주는 일이 정말 좋았다. 벌써 20년이 지났지만 그는 아무리 짧은 인연이라도 강력한 힘이 담겨 있다는 사실을 깨닫게 해준 이야기들을 기억한다.

영국 항공British Airways에서 일할 때, 첫 번째 상사 앤서니Anthony는 토머스를 옆에서 많이 챙겨 주고 가르쳐 주었다. 토머스는 이렇게 회상했다. "그분이 열아홉 어린애였던 저에게서 뭔가를 보셨는지 이렇게 말씀하셨죠. '스무 살짜리가 아니라 항공 산업에서 20년 넘게 일해야만 맡을 수 있는 업무를 자네에게 맡기겠네.'라고요." 고졸 퇴역 공군이었던 상사 앤서니는 토머스의 첫 멘토였다. 몇 년 후 경영대학원에 들어갈 때 추천서를 제일 먼저 써준 사람이기도 했다. 두 사람은 지금도 여전히 인연을 이어가고 있다.

토머스는 비슷한 이야기를 대여섯 가지나 들려주었다. 그는 자신을 지지해 주고 자신을 위해 희생해 주기도 한 사람들의 이야기를 생생하게 기억하고 있다. 그가 들려준 모든 이야기에서 사람에 대한 애정이 빛났다. 토머스에게는 일로 만나는 모든 이들과 긍정적인 관계를 맺고, 함께 일하는 사람들에게 진심 어린 관심을 보이는 능력이 있다. 사람은 그의 삶 한가운데 자리한다. 한 사람의 도움이 얼마나 사람을 끌어올릴 수 있는지 잘 알기에, 사람들과의 관계가 더없이 소중하다.

바로 그 자신, 두바이에서 온 가난한 청년이 정확히 1,754달러만 빚진 채 4년제 대학교를 졸업하고(나머지 등록금은 다른 사람들이 준 장학금으로 해결할 수 있었다), 고객센터 상담원에서 아이비리그 경영대학원을 거쳐 경영 컨설턴트가 된 것은 모두 다른 이들이 있었던 덕택이기 때문이다.

토머스의 행복 만나보기

하버드 경영대학원에서 배움의 가치를 역설하는 토머스

이후 토머스는 (자신과 비슷한 처지의 아이들에게 긍정적인 관계를 연결해 주기 위해) 보이즈 앤 걸스 오브 아메리카^{Boys and Girls Clubs of America}의 인사관리 부서에서 일하다 항공 업계로 돌아갔다. 현재는 아메리칸 항공^{American Airlines}의 글로벌 인재 관리 및 보상 부문 부사장이 되었다. 그에게는 대가를 바라지 않고 도와준 사람들이 있었다. 그 역시 헌신적으로 사람들에게 관심을 쏟고 봉사하면서 고객, 친구, 동료 등 수많은 사람과 긍정적인 관계를 쌓아 왔다.

사람은 토머스의 목적에서 큰 부분을 차지한다. 그는 만나는 모든 사람에게 가르침을 얻고, 만나는 모든 사람의 삶을 좀더 좋게 만들어 준다. 당신도 직장에서 승승장구하고 싶은가? 가능하다.

직장에서 긍정적인 관계를 맺어라

· ·

직장에서 긍정적인 관계를 맺는 것만큼 목적에 큰 영향을 주는 것도 없다. 앞에서 "결국 행복은 사랑이다."라는 결론에 이른 전설적인 하버드 그랜트 연구를 소개했다. 그 밖에도 무수한 심리학 문헌에서 연인 관계나 우정 같은 긍정적인 사회적 상호 작용이 행복과 웰빙에 중요하다는 사실이 증명되었다. 마틴 셀리그먼Martin Seligman의 PERMA 행복 모델에도 '긍정적인 관계'가 포함된다. 로이 바우마이스터Roy Baumeister와 마크 리어리Mark Leary는 1995년에 강력한 소속의 욕구를 입증하는 종합적인 연구 결과를 발표했다. 당연하게도 아킬레우스와 파트로클루스로부터 《해리 포터》에 이르기까지, 수천 년 인류의 역사에는 우정의 힘을 역설하는 이야기가 넘쳐난다.

이러한 우정의 부재는 치명적인 결과를 초래하기도 한다. 외로움은 극심한 스트레스 반응과 결정적으로 연관되어 있다. 미국국립보건원의 연구에 따르면, "사회적 관계는 양과 질 모두 정신 건강, 건강 행동, 신체 건강, 사망 위험에 영향을 끼친다."[1]

관계의 중요성은 직장도 피해 가지 않는다. 직장 인간관계는 웰빙에 매우 중요하다. 한 연구에 따르면 "직장에서 동료와 친밀한 관계를 맺으면 직장인의 업무 만족도가 50% 가까이 치솟는다."[2] 이 연구에서는 직장인의 30%가 직장에 '절친한 친구'가 있고, 그중 56%는 '업무에 몰입'하는 것으로 나타났다. 직장에 절친한 친구가 없는 사람이 업무에 몰입하는 경우는 8%에 불과했다. "직장인의 63%가 적대적인 작업 환경으로 인한 고립감을 경험한 적 있다."란 멘탈 헬스 아메리카 Mental Health America 자료에서 확인되듯, 직장에서 긍정적인 관계의 필요성은 절박하다.[3]

당연히 직장 관계는 연인 같은 직장 밖의 인간관계와 다를 수밖에 없고, 조직 내의 복잡한 문제도 가득 얽혀 있다. 하지만 적당한 울타리가 쳐진 긍정적인 직장 관계도 얼마든지 가능하다. 그것은 더 큰 삶의 목적과 의미, 행복, 성장, 발전, 웰빙을 도모하기 위해 꼭 필요하기도 하다.

만족스럽고 의미 있는 직장 관계를 위해서

• •

그렇다면 어떻게 만족스럽고 의미 있는 직장 관계를 구축할 수 있을까? 이를 위해 실천에 옮길 수 있는 여섯 가지 행동이 있다.

방법	실제로 어떤 모습일까
관심과 신뢰의 자세로 대하라	먼저 상대를 믿고, 그들의 선의를 상정하기 공감 능력 키우고 진심 어린 관심 보이기 나에 대한 믿음 심어 주기
멘토와 멘티가 되어라	조직의 멘토링 프로그램에 참여하거나 도움이 필요한 동료에게 코칭 제안하기 멘토가 되어 달라고 부탁하고 멘토와의 관계에 최선을 다하기
가장 긍정적인 관계에 집중하라	일이나 삶에서 기운 나게 해주는 사람들과의 관계에 많은 시간 쏟기 문제 있는 관계를 바로잡는 데만 매달리지 않기 동료와 가족, 친구와 시간 보내기
망가지거나 정체된 관계를 바로잡아라	망가진 관계에 대한 마음가짐을 바꾸고 관계 회복을 위해 내가 할 수 있는 일 해보기 상대방을 도울 방법을 찾아 신뢰와 유대감 회복하기
계속 새롭고 다양한 관계를 구축하라	다른 부서, 연령, 능력, 국적, 종교, 인종인 사람들과 적극적으로 대화하고 관계 맺기 기존의 좁고 익숙한 관계망 안에만 머무르려고 하지 않기
직장 밖의 인간관계에 시간을 쏟아라	일과 삶의 균형을 잘 맞추고 배우자, 자녀, 부모, 형제자매, 친구 등 직장 밖의 중요한 사람들과 보내는 시간 마련하기

첫째. 관심과 신뢰의 자세로 대하라

일터에서 긍정적인 관계를 맺으려면 사람들에게 관심을 보이는 것이 가장 중요하다. 마음가짐은 실천보다 앞서기에, 동료에 대한 생각을 바꾸는 간단한 행동만으로 관계를 고무적이고 진정성 있게 개선하는 기반이 마련될 수 있다.

그렇다면 현실에서는 어떤 모습일까? 같이 일하는 사람들에게 작은 친절을 베푸는 간단한 행동일 수 있다. 커피를 마시러 가는가? 누군가에게 커피 한 잔을 내밀어 본다. 팀의 업무 마감이 촉박한가? 힘들어 하는 동료에게 도움을 제안한다. 이런 관심은 특히 부하 직원이나 눈에 잘 띄지 않는 직원들에게 큰 도움이 된다. 토머스 라잔은 이를 작가 존 번연^{John Bunyan}의 말을 살짝 바꾸어 표현한다. "매일 누군가에게 그 사람이 보답할 수 없는 호의를 베풀려고 해보세요."

리더라면 사람들에게 시간을 쏟고 믿음을 보여줘야 한다. 선임 리더가 젊은 동료의 가능성을 믿어 주고 옆에서 도와주는 것만큼, 한 사람의 커리어에 지대한 영향을 끼치는 것도 없다. 토머스가 사회생활 초년에 만난 멘토 앤서니는 토머스의 가능성을 믿고, 겨우 스물밖에 안 된 부하 직원에게 공항에서는 대단히 큰 업무에 속하는 팀 운영을 맡겼다! 지금의 토머스는 "팀이 번창할 수 있는 환경을 만들고 유지하는 것"이야말로 자신이 직장에서 맡은 가장 큰 책임이라고 생각한다. 그는 언제나 팀원들의 가능성을 믿어 주고 스스로 증명할 기회를 주려고 애쓴다.

당신은 직장에서 봉사의 마음가짐으로 일하고 있는가? 하루 한 번, 누군가에게 그 사람이 보답할 수 없는 호의를 베푸는 기회를 찾아보자. 당신은 동료들끼리 아직 확신이 없을 때부터 서로의 가능성을 믿어 주는 환경을 만들고자 애쓰는가? 그들의 발전에 도움되는 책임을 맡기는 방법을 찾아보자.

둘째. 멘토와 멘티가 되어라

멘토십은 긍정적인 관계를 맺는 매우 간단하면서도 영향력이 큰 방법이다. 올리벳 대학교 연구에 따르면 멘토가 중요하다고 생각하는 사람은 76%인 반면, 실제 멘토가 있는 사람은 37%에 불과했다.[4] 젊은 사람들에게 멘토십은 우울증을 경감하고, 사회적 수용과 대학 입학률을 제고하는 효과가 있다.[5] 그리고 직장에 멘토가 있는 사람일수록 더 큰 보상과 기회가 주어지고 만족도가 높다.[6]

그렇다면 멘토 관계는 현실에서 어떤 모습으로 나타날까? 먼저 이것이 쌍방향 관계라는 사실을 아는 것이 중요하다. 내가 팀원들을 볼 때마다 실감하는 사실이 하나 있다. 누구나 멘토를 원하지만 스스로 멘토 역할을 하지 않는 사람이 대부분이라는 점이다. 이기적이 되지 말자! 멘토를 찾는 것도 중요하지만 삶의 모든 단계에서 나 또한 누군가에게 멘토가 되어줄 수 있다. 사회 초년생이라면 대학 선배의 도움을 받아 보자. 중간 관리자라면 승진 목표에만 너무 얽매이지 말고, 남을 위한 봉사의 중요성도 기억하자. 조직에 새로 들어온 사람을 도와주자. 간단한 법칙 하나만 기억하면 된다. 나에게 멘토가 되어줄 사람을 한 명 찾았다면, 내가 멘토가 되어줄 사람도 한 명 찾으라는 것.

멘토 관계는 공식적으로나 비공식적으로 추구할 수 있다. 많은 조직이 공식적인 멘토십 프로그램을 제공한다. 통계 자료에 의하면 포춘지 선정 500대 기업의 75%가 그렇다.[7] 당신이 몸담은 조직에 멘토십 프로그램이 있다면, 멘토와 멘티에 모두 등록하라. 그런 프로그램이 없다면 관리자나 HR 부서에 제도를 마련해 줄 수 있는지 제안해 본다. 이러한 공식 멘토십 프로그램은 회사 내의 네트워크를 확장하는 것은 물론, 주변 조직을 신중하게 탐색하는 데도 큰 도움이 된다.

물론 조직 내의 멘토 관계도 중요하지만 나의 승진을 직접적으로 책임지지 않는 직장 밖의 멘토도 필요하다. '개인 이사회'를 꾸리거나 (프리실라 클래먼과 빌 조지 같은 저자들이 지지하는 방법), 믿을 수 있는 사람에게 부탁해서 정기적으로 만나는 자리를 마련하는 방법으로 이루어질 수 있다. 주변의 믿음직하고 존경스러운 사람(직장이나 직장 바깥의 사람)과 편안하게 만나 대화를 나눌 수도 있다.

올바른 멘토와 멘티를 찾기가 쉽지 않을 수도 있다. 모든 사람에게 완벽하게 들어맞는 법칙은 없다. 사람마다 인생도 커리어도 제각각이기 때문이다. 하지만 너무 완벽함을 추구하면 오히려 독이 되기 쉽다. 주변의 괜찮은 사람 몇 명에게 지도를 부탁해 본다. 존경하는 사람 4~5명을 떠올려 보고, 정기적으로 만나 조언해 줄 수 있는지 타진하자. 생각보다 간단하다. (다음 글 '멘토를 찾아서'에 적절한 멘토를 찾고 그 관계를 이어가는 방법에 대한 조언이 들어 있다.)

멘토를 찾아서

멘토를 찾는 과정이 어색하게 느껴질 수도 있다. 우리는 일이나 개인적인 문제로 다른 사람에게 도움을 청하는 것에 익숙하지 않다. 하지만 멘토는 대단히 중요하므로 절대 소홀히 하면 안 된다. 사려 깊은 접근법을 통해 누구나 훌륭한 멘토를 구할 수 있다.

다음의 방법을 참고해 훌륭한 멘토를 찾아 도움을 청해 보자.

1. **주변의 존경스러운 사람에 대해 생각해 본다.** 직장이나 더 큰 공동체 안에서 진실성, 전문성, 목적의식, 커리어 등의 측면이 존경스러운 사람을 찾는다. 자리에 앉아 코치가 되어 주었으면 하는 사람의 이름을 전부 적어 본다.

2. **그 사람이 내 커리어 여정에 도움이 될 수 있는지 현실적으로 평가한다.** 아무리 훌륭한 사람이라도 나에게 맞는 멘토는 아닐 수 있다. 나의 인간상과 만들어 나가는 커리어를 이해할 만한 사람인가? 시간을 낼 수 있는 사람인가? 내 커리어에 직접적인 영향을 주는 사람인가? 이 기준에 전부 맞을 필요는 없지만(단, 시간을 낼 수 있어야 한다는 점은 필수), 어느 정도는 충족해야 한다.

3. **다양한 관점을 제공해 줄 사람들이 포함되었는지 최종 목록을 다시 확인한다.** 당신이 남자라면 적어도 멘토 한 명은 여성이어야 한다. 인종, 민족, 학력이 다른 멘토도 찾아라. 직속상관이 아닌 멘토도 있어야 한다. 직장 밖에도 눈을 돌려보자. 다양한 멘토가 균형을 이루어야 한다.

4. **만약 자연스럽게 가능하다면 실전에서 멘토를 구하라.** 목록에 있는 사람과 평소 긴밀하게 일하는 사이라면 정식으로 멘토가 되어 달라고 부탁할 필요가 없을 수도 있다. 그저 같이 일할 기회를 만들고, 당신이 진심으로 그 사람의 지도와 조언을 얻고자 한다는 것을 보여주면 된다. 분명 기꺼이 시간을 내어 코칭해 줄 것이다.

5. **필요하다면 직접적으로 부탁한다.** 함께 일하는 자연스러운 방법으로 불가능하다면 직접 물어봐야 한다. 먼저 개인적으로 다가가 존경의 마음을 표현하고, 정기적으로 커피를 마시거나 통화하며 조언을 해줄 수 있는지 물어본다.

6. **감사를 표시하라.** 아무리 너그러운 사람이라도 쌍방향이 아닌 관계에는 지칠 수밖에 없다. 멘토에게 보답하는 가장 간단한 방법은 진정한 관심과 감사를 표현하는 것이다. 멘토의 개인사를 챙기고, 그들의 노고에 고마움을 전하면 장기적인 관계 유지에 큰 도움이 된다.

멘토는 직장에서나 사생활에서나 성공을 위해 필수적이고, 멘토-멘티 관계는 큰 보람도 느끼게 해준다. 멘토를 구하려면 신중한 방법으로 용감하게 다가가야 한다.

셋째. 가장 긍정적인 관계에 집중하라

비즈니스 분야에서 강점 기반 리더십은 널리 퍼진 상식이 되었다. 이는 도널드 클리프턴^{Donald Clifton}, 배리 콘치^{Barry Conchie}, 팀 래스^{Tim Rath} 등의 선구적 업적에 기초한 것으로, 사람은 모든 것을 다 잘할 수 없음을 전제로 한다. 따라서 효율적인 업무를 위해 강점 기반 리더십에서는, 약점을 보완하려고 끝없이 고군분투하기보다 강점을 발전시킬 때 탁월해질 가능성이 더 높음을 깨닫도록 사람들을 격려한다. 이렇게 하면 개인이 정말로 잘하는 특정한 분야가 생기고, 조금 역부족인 곳에서는 다른 사람들에게 의지할 수 있다.

이 같은 프레임워크는 관계에도 효과적이다. 우리는 유익한 관계에 투자하고 즐기기보다는 그렇지 못한 관계에만 집중할 때가 많다. 로빈 던바Robin Dunbar는 한 사람이 맺을 수 있는 인간관계 숫자 연구의 선구자인데, 그에 따르면 인간이 사귈 수 있는 '그냥 친구'는 150명밖에 안 된다(페이스북과 링크트인의 시대에 충격적으로 적은 숫자이다). 그중에서도 파티에 초대할 만한 '좋은' 친구는 50명 정도밖에 안 된다. 위급한 상황에 의지할 수 있는 '친한' 친구는 15명이다. 마지막으로 이 중에서 정말로 가깝고 서로를 지지해 주는 절친한 친구는 고작 5명이다.[8] 시간이 지날수록 각 친구 그룹에 변화가 생길 수도 있지만, 어쨌든 인간이 맺을 수 있는 진정한 우정의 숫자에는 한계가 있으므로 소수의 가장 소중한 관계에 관심을 쏟아야 한다는 이야기다.

직장에서도 마찬가지이다. 물론 모두에게 친절해야 한다. 직장에서 수백 명 또는 수천 명의 사람을 대할 수도 있다. 하지만 사생활에서와 마찬가지로 직장에서도 당신에게 가장 큰 즐거움을 주는 사람은 소수일 것이다. 괜찮다. 힘든 날에는 가장 친한 친구를 찾아라. 좋은 소식이 있을 때도 함께 축하하라. 인맥을 넓히거나 문제 있는 관계를 고치느라 가장 소중한 사람들에게 소홀하지 마라.

넷째. 망가지거나 정체된 관계를 바로잡아라

모든 관계가 긍정적이기만 한다면 얼마나 좋을까. 하지만 어느 조직이든 망가진 관계가 있을 수밖에 없다. 성격 차이로 사사건건 부딪

치는 동료, 나 때문에 프로젝트에서 밀려난 누군가, 업무 갈등이 그만 개인적인 다툼으로까지 번진 사람. 단순히 의견 차이가 있는 이까지. 절대로 좋아질 수 없는 관계도 있다. 하지만 커리어와 목적의식, 조직의 이익을 위해서는 적어도 관계를 중립적으로 돌려놓아야 한다. 예를 들어 CFO(최고재무관리자)는 회계 담당자와 껄끄러우면 안 되고, 한 팀의 관리자가 다른 부서 책임자와 정체된 관계를 이어가는 것도 어리석은 일이다. 관건은, 바로잡을 필요가 있는 관계가 무엇인지 파악하는 것이다. 다음으로는 자신의 생각을 바꾸는 방법과 그 사람과의 상호 작용을 바꾸는 방법을 모두 활용해 이를 바로잡아야 한다. 이 과정은 다음의 몇 가지 단계로 이루어질 수 있다.

1. **내 생각부터 바꿔라.** 나는 감사 일기를 쓰는 습관을 길렀다. 어떤 동료와의 관계가 어려워질 때마다, 억지로라도 그 동료나 그가 하는 일에 감사해야 하는 이유를 떠올려 보았다. 그 사람에게 생겼으면 하는 좋은 일들도 곰곰이 생각했다. 이 두 가지 습관은 힘이 있으며, 시간이 지날수록 상대방에 대한 생각을 바꿔줄 수 있다.

2. **어떤 식으로든 그 사람에게 봉사하라.** 앞에서 살펴본 것처럼 타인을 위한 봉사는 그 자체로 유익하고 의미 있다. 망가진 관계의 경우에도, 사이가 좋지 않은 사람을 어떤 식으로든 도움으로써 당신이 어떻게든 건설적인 방향으로 나아가려고 노력하는 모습을 보여줄 수 있다.

3. **공통점이나 공동 프로젝트, 관심사를 찾아라.** 직장 동료들끼리 사

무실 밖에서 결속을 다지는 데는 그럴 만한 이유가 있다. 스포츠 경기, 산책, 점심 식사, 술집 등으로 시간과 장소를 바꿔 보면 냉랭한 분위기가 풀어지고, 그저 동료 이상으로 친근감을 갖고 서로를 바라보게 된다. 직장에서나 밖에서 함께 즐길 만한 프로젝트나 활동을 찾으면 유대감을 형성할 수 있다.

물론 회복 불가능한 관계도 있다. 일이나 사생활에서 해롭거나 학대적인 관계를 계속 이어가라는 뜻은 결코 아니다. 하지만 중요한 직장 관계에 단순히 사소한 갈등이 있을 뿐이라면, 바로잡으려고 노력해 볼 가치가 충분하다.

다섯째. 계속 새롭고 다양한 관계를 구축하라

나는 미국 남동부 조지아주의 중소도시 콜럼버스에서 자랐는데, 여행할 기회가 많지 않았다. 훌륭한 인문 대학에 진학하면서 인생 최초로 새로운 지역으로 가서 다양한 사람들과 어울릴 기회가 생겼다. 하지만 정말로 삶의 반경이 넓어진 것은 대학교를 졸업하고 1년 후에 대도시(애틀랜타)에 있는 맥킨지앤컴퍼니McKinsey & Company에 입사하면서부터였다. 싱가포르, 이집트, 사우디아라비아 등, 전혀 상상조차 못 했던 장소에 가 봤으며, 만화경처럼 실로 다채로운 사람과 문화를 접하게 되었다. 그 과정에서 쌓은 인간관계는 나를 더 나은 사람으로 만들어 주었고(더 생각이 깊고 마음이 열린 사람으로), 믿을 수 없을 만큼 커다란 행복과 의미를 선사했다. 이것은 결코 나만의 특별한 경험이 아니다. 하이데라바드, 교토, 선전, 암만, 스크랜턴 등 세계 각지의 사람들이 비슷한 이야기를 할 것이다. 다양한 우정과 경험을 통해 넓어지는 세상은 거의 모든 사람에게 기쁨을 준다.

여러모로 나와 다른 사람들과 우정을 쌓으면서 넓어지는 관계에서 느끼는 흥분과 경이로움은 우리에게 엄청나게 이롭다. 다양한 우정은 창의력을 자극하고, 우리를 더 열린 자세로 만들어 주며, 확증편향(자신의 지식이나 신념과 일치하는 정보는 받아들이고 그렇지 않은 정보는 무시하는 경향-역주)을 줄여준다.[9] 직장에서도 구성원이 다양한 팀일수록 정보 수집과 위험 평가 능력이 우수하며, 혁신 참여도가 뛰어나다.[10] 직장에서 다양성 있는 인간관계를 맺는 것을 절대 '어쩔 수 없는 의무'로서 접근해서는 안 된다. 그러나 우리는 인종과 민족, 성별, 경험, 부서, 사고방식 등의 측면에서 인맥의 다양성을 넓힐 방법이 있는지 적극적으로 찾아 나서야 한다. 그렇게 하면 더 큰 목적의식과 호기심으로 일을 대하는 데 도움이 된다.

여섯째. 직장 밖의 인간관계에 시간을 쏟아라

2020년 3월 코로나19의 세계적인 대유행이 점점 심해져 미국이 봉쇄되었을 때, 나 역시 다른 사람들처럼 혼란스럽고 우려스러웠다. 걱정되는 일들이 너무 많았다. 병에 걸리고 죽어가는 사람들, 생활필수품 부족, 폭락하는 시장, 치솟는 실업률까지. 하지만 이 혼돈 한가운데에서도 나는 한 줄기 희망을 발견할 수 있었다.

그때 나는 아직 어린 세 아이의 아빠였다. 세계가 격리되기 전에는 출장 업무가 70%가 넘었고, 출장을 가지 않을 때도 일찍 집을 나가 밤늦게 퇴근하기 일쑤였다. 그런데 코로나로 재택근무를 하게 되면서 큰 변화가 찾아왔다. 이동 시간이 사라져서(일주일에 10~15시간 정도) 일을 훨씬 더 빨리 끝낼 수 있었다. 학교에 가지 않는 아이들이 자주 내 홈 오피스를 찾아왔다. 아이들과 몰래 빠져나가 한낮의 수영을 즐기기도 했다. 매일 아침과 저녁을 같이 먹었고, 밤에는 책을 읽어 줄 수도 있었다. 물론 친구와 동료들과의 관계도 그리웠다. 줌 미팅이 직접 얼굴을 보는 것과 똑같을 수는 없으니까 말이다. 하지만 가족과의 관계는 활짝 꽃이 피어났다. 내가 집에 머물며 함께 보내는 시간이 늘어나자, 아이들도 좋은 영향을 받는 게 보였다. (이 책을 쓰는 와중에 넷째가 태어났다!)

물론 코로나 이전에도 직장 이외의 인간관계, 아내, 아이들, 친구들, 내가 속한 공동체에 시간을 내려고 노력했다. 그때도 나름대로 효과가 있었다. 하지만 출장을 너무 많이 다니고 일하는 시간이 너무 많은 나 같은 사람들에게, 팬데믹은 소중한 사람들과 더 많은 시간을 보내는 계기가 되었으며 일과 삶의 비뚤어진 균형을 바로잡아 주었다.

당신의 삶에서 가장 중요한 관계가 무엇인지 진지하게 생각해 보라. 대부분 배우자 또는 파트너, 절친한 친구, 부모, 형제자매, 자녀들일 것이다. 호스피스 간병인으로 일했던 브로니 웨어Bronnie Ware가 쓴 훌륭한 에세이 《내가 원하는 삶을 살았더라면Five Top Regrets of the Dying》을 보면, 사람들이 죽음을 앞두고 가장 후회하는 다섯 가지 중 세 가지가 인간관계에 소홀했던 것과 관련 있다고 한다. 만일 너무 열심히 일하느라 소중한 사람들과의 관계에 소홀해져 고립감을 느끼고 있다면, 이제라도 그들을 위한 시간을 내야 한다. 의견 차이나 물리적인 거리로 인해 멀어진 사람들도 있을 것이다. 자존심을 굽히고 먼저 화해의 손길을 내밀 시간이다. 우리 삶에 소중한 사람들의 관계보다 중요한 우선순위는 없다.

투자할 시간

• • • •

행복과 성취감, 목적의식을 위해 긍정적인 관계만큼 중요한 것은 없다. 우정과 사랑, 상호 관심이야말로 인간다움의 핵심이라는 진실을 수 세기에 걸쳐 무수히 많은 학문 연구와 고대 문헌, 격언이 증명해 오고 있다. 긍정적인 관계가 가져다주는 투자 수익은 무한대다. 오랫동안 사람들과의 관계에 소홀했거나 스스로 갈등의 원인을 제공했다면, 이제 마음을 고쳐먹고 관계에 투자해야 한다.

Ⅰ

목
적
바
라
기

4부

조직에서의 목적

11

·······

목적이 있는
조직 문화를
만들어라

행복을 위한 황금 갈피

목적을 문화로   조직의 사명과 가치관 확립

성공하는 기업의 힘

슌드론 토머스 Shundrawn Thomas는 좋은 리더십과 나쁜 리더십이 사람들의 삶에 얼마나 큰 영향을 주는지 일찌감치 깨우쳤다. 시카고 남부의 평범한 가정에서 자란 그와 세 형제는, 부모에게 '타인 중심'으로 살라는 훌륭한 가르침을 받았다. 그의 부모님은 직장을 다니면서 자원봉사도 하고, 자녀들과 시간을 보냈으며, 교회 활동도 열심히 했다. 하지만 경제적으로는 풍족하지 못했다. 슌드론은 고등학교 1학년 때 그에게 훌륭한 리더십의 중요성을 깨우쳐 준 두 교사를 기억한다.

당시 무척 엄격했던 영어 선생님은 숙제를 무조건 타자기로 출력해서 정시에 제출하기를 원했다. 슌드론의 집은 타자기를 살 형편이 못 되었으므로(당시는 컴퓨터가 널리 이용되기 전이었다), 그는 도서관의 타자기를 빌려 써야 했다. 어린 나이에 학교 공부와 아르바이트를 병행하던 그에게는 쉽지 않은 일이었다. 어느 날 슌드론은 타자기 자리 예약을 못 하는 바람에 부득이하게 손으로 숙제를 했다. 선생님을 찾아가 사정을 설명했지만 선생님은 예외는 없다면서 받아주지 않았고, 그를 낙제시키겠다고 했다. 하는 수 없이 슌드론은 그날 밤 도서관이 문을 닫은 이후에 타자기로 숙제를 다시 해서, 기차로 왕복 2시간 30분이나 걸려 선생님의 집에 직접 제출했다. 숙제는 무사히 해냈지만, 그는 선생님의 배려심 없는 모습과 그 선생님이 만든 부정적인 교실 문화를 결코 잊을 수 없었다.

반면, 같은 학교의 수학 선생님은 슌드론의 성적이 떨어지는 것을 눈치채고는, 틈틈이 그를 지켜본 끝에 그가 칠판이 잘 보이지 않는데 안경을 살 여유도 없어 어려움을 겪고 있음을 알게 되었다. 선생님은 순드론을 불러 그는 무척 똑똑한 학생이고, 그런 그가 근시 때문에 낙제하는 모습을 두고 보지 않을 것이라고 했다. 그녀는 직접 나서서 그에게 안경을 맞춰 줄 비영리 단체를 찾아주었다. 이 일은 수십 년이 지난 지금까지도 그의 가슴을 뭉클하게 한다. 수학 선생님은 학생 한 명 한 명에게 관심을 기울이고, 성장의 동기를 부여하는 교실 문화를 만들었던 것이다.

현재 순드론 토머스는 세계적으로 영향력 있는 기업 임원이다. 안경과 타자기가 없어서 전전긍긍하던 소년이 1조 달러가 넘는 고객 자산을 운용하는 노던 트러스트 애셋 매니지먼트Northern Trust Asset Management의 회장 겸 CEO가 되어, 전 세계 투자 자산의 1%가 넘는 돈을 관리하는 수천 명을 이끌고 있다. 가장 최근에 내놓은《일에서 기쁨을 발견하라Discover Joy in Work》를 비롯해 책도 네 권 썼다. TV 시사평론가, 교회의 부목사, 고향 시카고의 충실한 일꾼이기도 하다. 그는 너무도 대조되는 어린 시절 두 교실에서의 경험을 통해, 조직 생활의 중심에는 목적과 의미, 기쁨이 있어야 한다고 굳게 믿게 되었다.

그는 참여의 핵심은 사명과 가치라고 생각한다. 하지만 그의 말에 따르면 리더들은 조직을 근본적으로 오해하고 있다.

———— 조직은 무생물이지만, 조직을 이루는 것은 사람입니다. 직원들이 조직 활동에 진심으로 참여하고 헌신하기를 원한다면 ⋯ 그들의 손뿐만 아니라 머리와 심장이 필요하죠. 그러자면 으레 공통 사명에 대한 헌신이 있어야 하는데, 이는 직원들이 바라보는 설득력 있는 비전으로부터 나옵니다.

이 점을 염두에 둔 슌드론은, 효과적으로 조직의 사명을 수립하고 유지하는 것을 하나의 과정이라고 본다. 첫째, 그는 조직 내의 사람들과 사명 의식을 공유해야 한다고 말한다. 사명감은 위에서 나오는 것이 아니다. 가능한 한 조직의 구성원들로부터 나와야 한다. 둘째, 슌드론은 "조직의 사명은 내가 개인적인 의무라고 부르는 것과 일치해야 한다."라고 주장한다. 달리 말하면, 개인의 내적 동기와 깊이 공명해서 참여로 이끌어야 한다는 뜻이다. 마지막으로 참여는 가치관을 기반으로 해야 한다. 슌드론은 다양한 사람들이 모인 대규모 집단은 가치관도 다양할 수밖에 없음을 인정하면서도, "사람들이 모인 공동체 안에서는 공통의 가치를 찾을 수 있기 마련"이라고 짚었다.

슌드론의 행복 만나보기

노던 트러스트 애셋 매니지먼트의 가치

이것들은 모두 슌드론에게 깊은 의미가 있다. 그는 노던 트러스트의 사명과 비전, 가치에 대해 막힘없이 술술 말해 주었고, 다른 직원들도 그럴 수 있다고 했다. 실제로 그는 이 주제를 직원들과 정기적으로 다룬다. 설문조사나 포커스 그룹을 통해 그들의 생각을 알아보고, 점심 식사자리나 타운홀 미팅(구성원 모두가 자유롭게 이야기할 수 있는 간담회 형식의 자리-역주), 산책길에서 함께 대화한다. 그리고 직원들의 사명과 가치관을 참고해 회사의 중요한 결정을 내리고, 이를 공개적으로 발표함으로써 말을 실천으로 옮긴다.

조직: 목적의 힘

· · · · · · · ·

지금까지 우리는 개인의 목적을 캐내고 만드는 방법에 대해 이야기했다. 목적의 원천이 매우 다양하고 시간이 지남에 따라 변한다는 것도 배웠다. 이제는 조직의 목적에 초점을 맞추고자 한다. '기업의 목적 문화'가 어떤 모습이고, 어떻게 만들 수 있는지 살펴볼 것이다.

조직에서 일하는 사람들에게 기업의 목적, 즉 모든 구성원의 공통적인 목적은 대단히 중요하다. 직원들이 공감할 수 있는 깊은 사명 의식과 가치관이 있는 직장일수록 업무 몰입도와 만족도가 크다. 또한, 공통의 목적의식을 말로 표현하고 행동으로 옮기는 리더의 능력은, 구성원들에게 활력을 불어넣고 하나로 단결시켜 준다.

조직 행동은 대부분 경영진의 리더십이 좌우하지만, 꼭 CEO나 최고 리더여야만 의미와 목적을 불어넣을 수 있는 것은 아니다. 거의 모든 사람이 조직의 문화에 영향을 끼칠 수 있다. 그 영향력의 범위가 자신이 속한 팀에서 시작될지언정 말이다. 오늘 영향을 주는 사람이, 내일의 리더가 될 것이다.

이 장에서는 개인이 삶에 의미와 가치를 부여하는 방법을 바탕으로, 모든 구성원을 위한 의미를 더 잘 통합하고 확장하는 조직을 구축하고자 한다. 그 첫 단계는 공통의 목적을 드러내고 설정하는 모델을 명확하게 표현하는 것이다. 다음 세 가지 질문에 답해 보자.

① 회사의 가장 핵심적인 목적은 무엇이고, 어떻게 나타나는가?

② 기업이 직원들의 일상에 더할 수 있는 목적의 원천은 무엇인가?

③ 기업의 행동 방식(가치관)이 핵심 목적과 일치하는가?

조직의 목적 만들기

	무슨 뜻일까	실제 어떤 모습일까
핵심 목적	**비전 또는 사명**: 회사가 존재하는 이유와 회사가 세상에 미치는 영향에 대한 분명한 표현, 기업의 존재 이유 또는 '나침반'	"팀의 수월한 협업을 도움으로써 인류의 번영을 돕는 것" "세상의 모든 정보를 체계적으로 정리해 누구나 쉽게 접근하고 유용하게 사용할 수 있게 하는 것" "세상을 새롭게 하고… 행복과 긍정을 널리 퍼뜨리고… 가치를 창조하고 변화를 만드는 것"
가치관	**조직이 일에 헌신하는 방식**: 회사가 일하는 방식 또는 언제나 한결같이 따를 원칙들	"가장 높은 기준을 고집하는 것" "고객의 성과를 크게 개선해 주는 것" "탁월한 사람들에게 타의 추종을 불허하는 환경을 만들어 주는 것"
부차적인 목적 원천	**개인의 일상 경험을 통해 목적이 실현되는 방식**: 핵심 목적과 구분되지만 일치	지역사회를 위해 좋은 일을 하는 사내의 봉사 단체 여성 등 사회적 약자들의 연대를 추구하는 사내 친목 집단 부하 직원들을 위한 멘토링 봉사

기업 문화를 위한 새로운 프레임워크

이제 대부분 조직은 목적의식이 조직 효율성의 중심이라는 사실을 알고 있다. 테슬라^{Tesla}("지속 가능한 에너지로의 전환을 앞당긴다")부터 BBC("정보와 교육, 오락 프로그램과 서비스로 사람들의 삶을 풍요롭게 한다")에 이르기까지, 많은 조직이 오래전부터 사명의 한가운데에 목적을 넣어 왔다. 하지만 기업 목적의식의 중요성을 대중화한 데 기여한 장본인은 사이먼 시넥^{Simon Sinek}이다. 그의 저서 《스타트 위드 와이: 나는 왜 이 일을 하는가^{Start with Why}》는 오늘날까지도 이어지는 기업의 목적의식에 대한 열정적인 대화에 불을 붙였다. 시넥은 고객, 동료 등 대부분의 사람은 기업이 무엇을 어떻게 하느냐가 아니라 그 일을 하는 이유에 영감을 받는다고 주장한다. '왜'는 곧 기업의 목적이고, 기업이 하는 일과 그 방법의 중심에 자리한다. 그것은 긍정적인 기업 문화의 핵심이다.

어느 정도 수준에서는 일리 있는 말이다. 기업 구성원들은 사람들의 삶에 긍정적인 영향을 주는 일을 하고 싶어 하고, 고객들도 자신들의 이익을 가장 중요하게 여기는 기업을 선호한다. 물론 '무엇'과 '어떻게'도 중요하다. 세계적인 자동차 제조사 포드 모터 컴퍼니^{Ford Motor Company}의 사명은 제조 공정과 훌륭한 제품 없이는 이빨 빠진 호랑이나 마찬가지였을 것이다. 그러나 포드가 자동차 이용을 대중화하고, 직원들을 인간적으로 대우하는 혁신을 통해 세상을 바꾸고 싶어 한다는 사실 역시 중요했다.

시넥에 대한 내 유일한 불만은 사실, 조직의 '왜'가 단 하나만 있을 수 있다는 주장이다. 개인과 마찬가지로 조직의 목적이 유래하는 원천도 여러 가지이기 때문이다. 통상 깊이 자리한 하나의 핵심 목적과 사명을 중심으로, 개별 직원들에게 중요한 부차적인 목적과 가치가 거미줄처럼 엮여 있다. 다음은 조직의 목적과 가치를 이루는 기본적인 구성요소를 시각적으로 나타낸 그림이다.

각 요소에 대해 좀더 자세히 살펴보자.

기업 문화의 구조

모든 조직에는 핵심 사명 또는 목적(존재 이유), 조직과 모든 구성원의 행동을 이끄는 문화적 가치관이 필요하다. 이 가치관은 직원들의 가치관과도 조화를 이루어야 하고, 핵심 목적과 일치하는 부차적인 목적과 의미를 만들어야 한다.

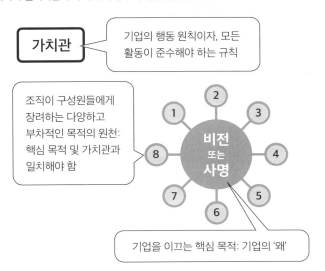

가치관 — 기업의 행동 원칙이자, 모든 활동이 준수해야 하는 규칙

조직이 구성원들에게 장려하는 다양하고 부차적인 목적의 원천: 핵심 목적 및 가치관과 일치해야 함

비전 또는 사명

기업을 이끄는 핵심 목적: 기업의 '왜'

핵심 목적: 비전 또는 사명

경영학 문헌에서는 사명 선언문과 비전 선언문, 둘의 차이에 대한 토론이 활발하게 이루어지고 있다. 대략적인 합의에 따르자면 사명 선언문은 조직의 현재 핵심 활동과 목적을 설명하고, 비전 선언문은 미래의 포부를 설명한다. 여기에서는 이 둘을 합쳐서 간단히 '사명mission' 이라고 부르자. 사명은 회사가 무슨 일을 하는지 뿐만 아니라, 그 일이 세상에 의미 있는 이유를 암시하거나 명시적으로 진술해야 한다. 간단히 말해서 기업의 사명은 기업의 목적, 존재 이유, 나침반이다.

사명은 왜 꼭 필요할까? 예전에 UCSD(캘리포니아 대학교 샌디에이고)의 레라 보로디츠키Lera Boroditsky 교수가 '장기적 사고 세미나Seminars on Long-Term Thinking' 팟캐스트에서 호주의 포름푸로Pormpuraaw 원주민 공동체가 사용하는 쿠크 타요레어Kuuk Thaayorre에 대해 말하는 것을 들은 적이 있다. 쿠크 타요레어에는 상대적인 공간을 가리키는 단어('왼쪽' 또는 '오른쪽')가 없고 절대적인 기본 방향('북쪽', '남쪽' 등)만 존재한다고 한다. 영어 화자들은 '북쪽', '남쪽'이라는 단어를 사용하기도 하지만, 대부분 자신이 있는 곳을 기준으로 방향을 잡아서 '왼쪽'이나 '오른쪽'이라는 단어를 사용한다. 좌회전할 때는 내가 '왼쪽'으로 도는 식으로, 서 있는 위치에 따라 공간 감각이 달라지게 된다. 어두운 방에 있는데 누가 '남쪽'을 가리켜 달라고 하면, 당신은 아마 방향을 잃을 것이다. 하지만 포름푸로 원주민의 다섯 살 아이에게 '동쪽'을 가리켜 달라고 하면, 아이는 즉시 그렇게 할 수 있다.

포름푸로족은 태양, 우주, 지구의 고정된 참고점을 중심으로 방향을 잡는다. 그렇기에 방향감각이 제2의 천성이 된다. 삶의 모든 것이 다른 것과의 관계에 대한 이해로 맞춰진다. 그들의 예술작품, 시간 관념, 세상에서의 위치까지. 이런 방향감각은 그들이 끊임없이 주변과 방향, 길을 의식한다는 것을 의미한다.

이것은 기업의 목적에 꽤 적합한 은유가 된다. 지금까지 살펴본 것처럼 개인의 목적은 변할 수 있고, 다면적이며, 전적으로 개인적이다. 그런데 기업의 목적은 모든 구성원에게 똑같은 방향을 가리키는 기본 방향이어야 한다. 그것은 개인에 좌우되지 않으며(비록 개인을 통해 드러나지만), 개인이 변한다고 해서 바뀌지 않는다. 움직이지 않는 그것을 기준 삼아 구성원들이 방향을 잡아야 한다.

당신의 기업에는 명확한 사명이나 목적이 있는가? 어떤 모습인가? 내가 가장 좋아하는 기업 사명 몇 가지는 다음과 같다.

① **무브먼트 모기지(Movement Mortgage):** "우리는 산업과 기업 문화, 공동체의 변화 움직임을 이끌어 사람들을 사랑하고 가치 있게 여기기 위해 존재한다."

② **구글(Google):** "세상의 모든 정보를 체계적으로 정리해 누구나 편리하게 이용할 수 있도록 한다."

③ **월마트(Walmart):** "우리는 사람들이 돈을 절약해 더 잘 살게 해준다."

④ **코카콜라(Coca-Cola):** "세상을 활기차게 하고… 행복과 긍

정의 순간을 일으키고… 가치와 변화를 만든다."

⑤ **진테크(Genentech):** "충족되지 않은 중대한 의학적 니즈를 다루는 약물을 개발한다."

⑥ **킥스타터(Kickstarter):** "창의적인 프로젝트에 생명을 불어넣는다."

기업의 '왜'가 명시적으로 표현된 것도 있고(월마트의 "우리는 사람들이 돈을 절약해 더 잘 살게 해준다"처럼), 암시적으로 표현된 것도 있다('충족되지 않은 의학적 니즈'를 충족하는 일이 선하다고 가정하는 진테크의 경우처럼). 하지만 저마다 기업이 무슨 일을 하고, 그 일이 왜 의미 있는지를 간결하게 진술하고 있다.

당신의 회사는 무슨 일을 하는가? 그 일이 왜 의미 있는가? 어떻게 하면 목적을 분명하게 보여주는 방식으로 표현할 수 있을까?

가치관: 조직이 일에 헌신하는 방식

좋은 조직에 있어 목적이나 의미의 또 다른 주 원천이 되는 것이 바로 가치관이다. 이것은 기업이 무슨 일을 하는지보다 어떻게 하는지를 나타내 준다(특징, 진실성, 고객 중심 등). 이 '어떻게'는 '무엇을'이나 '왜'만큼 기업의 구성원이나 고객들에게 의미를 부여할 수 있다.

내가 기업의 가치를 처음 접한 것은 맥킨지앤컴퍼니에서였다. 내가 일할 때 그곳의 핵심 가치는 세 가지였다.[1]

① **최고의 수준을 고집한다**

- 고객의 이익을 회사의 이익보다 우선
- 높은 기준과 조건의 고객 서비스 유지
- 높은 윤리 규범 준수
- 고객 기밀 보안
- 독자적인 관점 유지
- 고객 자원과 비용의 효율적인 관리

② **고객의 성과를 크게 개선한다**

- 최고의 경영 접근법 준수
- 전체적인 영향력 추구
- 글로벌 네트워크를 활용하며 모든 고객에게 가장 좋은 것을 제공
- 고객의 경영 관행 혁신
- 고객의 역량 제고 및 개선 지속
- 신뢰를 바탕으로 지속적인 관계 구축

③ **탁월한 인재를 위한 타의 추종을 불허하는 환경을 조성한다**

- 계층적이지 않고 포옹적인 분위기
- 배려가 있는 성과주의 지속
- 교육과 멘토링으로 상호 자기 계발
- 참여와 반대의 의무 옹호
- 호기심과 존중으로 다양한 관점 수용
- '하나의 기업'이라는 자율적인 파트너십

맥킨지의 이 가치들은 기업의 목적("세상에 긍정적이고 지속적인 변화를 만든다") 및 사명("고객의 성과에 두드러지고, 지속되는, 상당한 개선이 일어나도록 돕고, 탁월한 인재들이 몰려들고, 성장하며, 계속 머무는 훌륭한 기업을 만든다")과 일치한다. 시간이 지나면서 맥킨지의 일부 리더들은

11 목적이 있는 조직 문화를 만들어라

이 목적과 사명, 가치를 따르는 데 실패했다. 최근 미국의 오피오이드 opioid 위기를 가속한 대형 제약업체의 임원들을 포함해서 말이다.[2] 그러나 맥킨지의 파트너들은 앞으로도 계속 조직의 문제를 바로잡기 위해 이 핵심 가치들에 의존할 것이다. 맥킨지 같은 조직들은 명확하게 표현된 핵심 가치를 통해서 리더들에게 높은 기준을 요구하고, 공개적인 실패 후 다시 방향을 잡는다.

지금까지의 내용을 되짚어 보자. 원칙과 가치에 헌신하는 올곧은 기업에서 일하고 싶지 않은 사람이 있을까? 직원들을 '탁월한 인재'로 여기고 '타의 추종을 불허하는 환경'을 만들어 주려고 노력하는 회사라면, 당연히 누구나 동기부여가 되지 않을까? "모든 고객에게 가장 좋은 것"을 주고자 헌신하는 회사에서 일한다면 자연스레 목적의식도 커지지 않을까? 앞서 봉사가 거의 모든 사람의 목적에서 중심을 차지할 것이라고 했다. 역설컨대, 윤리적인 행동과 자기 계발도 그렇다. 이렇게 명확하게 표현된 가치는, 조직이 구성원과 기타 이해관계자들에게 제공할 수 있는 의미에 대한 인식을 활성화하고 확장한다.

내가 이런 개념들을 이야기할 때마다 종종 나오는 질문이 있다. "기업들의 가치관은 대부분 비슷비슷한데, 정말 의미가 있는가?" 있다. 기업의 가치 선언문에서 가장 중요한 대목은 완전히 독창적이지 않다. 기업에 최대한 맞추는 편이 도움은 되지만 말이다. 이 가치들이 진정성을 가지고 조직 내에서 모범으로서 널리 옹호되는 것이 중요하다. 따르면 보상이, 어기면 벌이 따라야 하며, 모든 가치가 조직의 핵심 목적과 일치해야 한다.

당신이 일하는 기업이나 팀의 가치관은 무엇인가? 따로 적어 놓지는 않았더라도 분명 있을 것이다. 그 가치가 영감을 주는가? 조직의 목적과 일치하는가? 일상적으로 실천되고 있는가?

부차적인 목적 원천: 개인의 일상 경험을 통해 목적이 실현되는 방식

현대 조직(사실은 모든 조직)은 유대와 의미, 조직 목적과 정확하게 일치하지 않는 가치들의 실천을 다양한 방법으로 장려한다. 조직의 핵심 목적과 어긋나지 않지만 단단히 묶여 있지도 않은 것들이다.

이러한 조직 이니셔티브는 여러 가지 형태를 띤다. 직원들이 함께 하는 봉사 프로젝트, 구호단체를 통한 집 짓기 봉사, 무료 급식소 봉사 등이 있을 수 있다. 구성원끼리 결속을 다지고 좋은 일을 위해 모금도 하는 회사 주관 5km 달리기 대회나, 직원들이 지역사회의 소외 아동들을 돌보는 멘토십 프로그램일 수도 있다. 기업의 목적을 가장 열심히 실천하는 사람들과 좋은 동료이자 친구가 되어 주는 사람들이 인정받는 사내 시상식이기도 하다. 특정 성별이나 성 지향성, 또는 인종 정체성을 지원하기 위해 꾸려진 사내 단체일 수도 있다.

이런 것들은 대부분 회사의 핵심 목적과 구체적인 관련이 없지만 있을 수도 있다. 예를 들어 금융 기업은 지역사회의 금융 리터러시를 향상시키는 활동을 통해, 기업의 핵심 정체성과 보다 긴밀하게 연계된 봉사를 할 수 있을 것이다. 하지만 이런 활동은 의미 있고 중요한 '부차적인' 목적의 원천이기도 하다. 기업은 자사의 핵심 목적 및 가치관과 일치하고(적어도 어긋나지 않으며), 개인이 일상적인 업무에서 더 많은 의미와 소속감을 느끼게 하는 일들을 장려한다. 이 전부는 모든 조직의 건전성, 특히 광범위한 문화 구축을 위해 매우 중요하다.

리더가 아니라면 어떻게 해야 할까?

기업의 목적과 가치는 오직 조직 전체를 이끄는 권한을 가진 리더들만 관여할 수 있는 일처럼 보일 수도 있다. 그렇게 보이는 것도 무리는 아니다. 리더에게는 조직이 진정성을 가지고 준수하는 명확한 사명 및 비전, 가치관을 가지고 있음을 보증하는 것이 가장 큰 의무기 때문이다. 하지만 어느 개인이라도 의미 있게 기여할 수 있는 방법이 많이 있다.

우선 모든 구성원은 조직의 사명과 비전을 중시하고 가치관을 따르고자 성실하게 노력해야 한다. 개개인이 책임을 다해야만 조직의 문화 자체가 더 의미 있게 변할 수 있다. 집단행동이야말로 기업의 사명과 비전, 가치관에 힘을 준다. 개인적 차원에서는 내가 일하는 '이유'가 됨으로써 일과 관계를 더 의미 있게 만들어 주기도 한다.

나아가, 모든 개인은 조직을 이끄는 나침반에 따라야 할 책임이 있다. 예를 들어, 내가 관리하는 팀은 비전과 가치관을 스스로 정한다. 팀의 비전과 가치관은 조직 전체의 그것과 일치하지만, 우리 팀이 맡은 고유한 역할과 우리가 원하는 팀의 기능에 맞게 조정되는 것이다. 어떤 팀이나 개인이라도 매일 함께 일하는 작은 집단의 비전과 사명, 가치관에 깊이를 더할 수 있다. 적어도 나는 개별 기여자부터 관리자에 이르기까지 팀 내의 소수 집단이 앞장서서 원칙을 함께 토론하라고 장려한다. 누구나 이 방법을 활용할 수 있다.

마지막으로 조직 전체의 사명과 비전, 가치관에 긍정적인 영향을 끼치는 방법이 있다. 가장 분명한 방법은 당신이 속해 있는 부차적인 목적의 원천을 활용하는 것이다. 하지만 조직에 아무런 목적이나 가치관이 없는 것 같다면, 관리자에게 건의하거나 타운홀 미팅에서 임원진에 이 문제를 한번 고려해 볼 것을 (건설적인 방법으로) 제안해 보자. 물론 어느 정도 위험 부담은 따르지만, 중요한 일에는 위험이 따르는 법이다. 만약 일이 잘 풀린다면 자신뿐만 아니라 수십, 수백, 수천 명의 직원이 일에서 느끼는 의미가 바뀔 것이다.

지금까지 우리는 개인이 목적을 쌓아가는 방법과 각자가 가지고 있을 다양한 목적 원천, 그리고 그 원천들이 시간이 지남에 따라 변해 간다는 사실을 살펴보았다. 기업이 직원들을 위해 수립하거나 장려하는 부차적인 목적의 원천은, 직원 각자가 저마다 더 다양하고 실용적인 방법으로 일의 의미를 찾도록 도와준다.

당신의 조직은 어떤 부차적인 목적을 장려하는가? 그것을 기업의 핵심 목적 및 가치와 어떻게 연결할 수 있을까? 부차적인 목적과 연결되지 않아 소외감을 느끼는 사내 집단이 있는가? 이런 기회는 조직 자체에서 찾아야 하며, 리더는 조직 내 개개인이 스스로 이를 구축하고 활용해 나갈 수 있도록 주도권을 주어야 한다.

목적과 문화의 일치

· · · · · · · · · · · ·

기업 문화는 경쟁력이다. 훌륭한 기업 문화의 핵심에는 목적의식이 있다. 먼저 기업의 핵심 목적을 세운 뒤, 뒷받침하는 부차적인 가치와 목적을 거미줄처럼 연결해 직원들이 개인적인 업무를 통해 스스로 가꿔 나갈 수 있도록 해야 한다. 이는 곧 위대한 조직의 '왜'를 찾는 열쇠가 된다.

다음으로 넘어가기 전에, 현재 몸담은 조직의 목적과 가치관을 떠올리면서 다음 몇 가지 질문에 답해 보자.

1. **조직의 사명은 무엇인가?** 조직에 사명 선언문이 없다면 암묵적으로 조직의 목적으로 여겨지는 것을 토대로 직접 써 보자. 그 사명이 당신에게도 의미가 있는가? 어떻게 하면 개별 기여자 혹은 조직 전체의 리더로서 사명을 더 의미 있게 만들 수 있을까?

2. **조직의 가치관은 무엇인가?** 확립된 가치관이 없다면, 기업 문화를 반영하는 가치관을 직접 작성해 보자. 일상에서 어떻게 실천할 수 있는가? 어떻게 개선될 수 있을까?

3. **당신은 직장에서 어떤 부차적인 목적에 관여하고 있는가?** 그것만으로 충분한가, 아니면 다른 목적에 참여하거나 직접 새로운 기회를 만들 생각인가? 만약 직접 새로운 기회를 만들 용의가 있다면 여기에 아이디어를 구상해 두고, 다음 주에 동료에게 말해 보자.

사명과 비전, 가치관이 없는 조직은 직원들을 업무에 몰입하게 하는 일, 긍정적인 문화를 조성하는 일, 목적을 달성하는 일에 모두 어려움을 겪을 것이다. 그런 조직 내의 사람은 완전한 소속감을 느끼지 못하고, 조직이 개인의 삶이나 세상에 의미가 있다고 생각하지도 못한다. 조직이 직원들이 자신만의 목적을 찾도록 격려하지 않는다면, 그들이 일에서 성공을 거두고 성취감을 느낄 기회를 차버리는 것과 같다. 조직이 목적이라는 주제에 신중하게 접근하면 개인과 조직 문화에 모두 큰 도움이 된다.

12
· · · · · · ·

기업의 목적을
개인의 삶으로

행복을 위한 황금 갈피

🪶 바람직한 기업 목적을 만드는 일곱 가지 방법

🪶 차이는 '어떻게'로부터　　🪶 일할 가치를 부여하라

기업의 핵심 목적, 가치관, 부차적인 목적 원천은 기업의 목적에서 '무엇을'에 해당한다. 그렇다면 '어떻게'는 무엇일까? 어떻게 기업은 이 세 가지 유형의 목적을 신중하게 만들 수 있을까? 그리고 이렇게 특정된 조직 목적의 원천과 구성원들을 어떻게 하면 더 잘 정렬시킬 수 있을까?

유기농 식품을 판매하는 미국의 슈퍼마켓 체인 홀푸드Whole Foods의 가치 선언문에는 '상호의존 선언Declaration of Interdependence'이라는 독특한 요소가 들어간다. (적어도 언어적 표현으로 보자면) 1776년의 미국 독립 선언U.S. Declaration of Independence을 본뜬 것으로 보이는 이 상호의존 선언은, 홀푸드 창업자 존 매키John Mackey가 '의식적 자본주의Conscious Capitalism'라 부르는 혁신적인 새 접근법의 이미지를 떠올리게 한다. 홀푸드에는 핵심 목적("우리의 목적은 사람들과 지구에 영양분을 공급하는 것이다")과 여섯 가지 핵심 가치가 있다.[1] 홀푸드의 상호의존 선언은 이런 것들에 깊이와 대담함, 활기를 더하고 혁명의 불길을 치솟게 한다.

또한 그 선언문은 한 사람이 아니라 여럿이 함께 한 집단행동의 결과물이라서 더 큰 영향력을 발휘할 수 있었다. 1985년 존은 당시 함께 일하던 직원 60명과 함께 상호의존 선언 초안을 작성했고, 그 후 선언문은 1988년, 1992년, 1997년, 2018년에 걸쳐 광범위한 직원 집단에 의해 조금씩 업데이트되었다. 그렇게 시간이 흐르면서 수많은 사람이 선언의 진화에 의미 있는 기여를 했으며, 상호의존 선언은 여전히 세계적으로 손꼽히는 목적 지향 기업의 토대로서 남아 있다.

존은 왜 그렇게 기업의 가치 선언문에 신경을 쏟았을까? 그는 홀푸

드의 설립자이자 CEO였다. 그는 개인적으로 목적의식에 끌렸고, 목적
의식을 지향하는 회사를 설립하는 데 성공했다. 그에게는 기업의 선언
문을 단독으로 작성해서 직원들에게 지키라고 강요할 권한이 있었다.

하지만 존은 그것이 얼마나 어리석은 일인지 알았던 듯하다. 말 그
대로 상호의존(팀원들과 고객, 공급업체, 지역사회, 환경 간 필수적인 상호
신뢰 및 지원)에 기반을 둔 선언문을 혼자 만드는 것은 바보 같은 짓이
었으리라. 다양한 인재들로 이루어진 팀과 함께 일하면서 그는 회사
전체와 공명할 수 있는 무언가를 생각해 냈고, 그 덕분에 조직 전체가
공감하고 진심으로 따르는 가치 선언문이 나올 수 있었다.

> **존의 행복 만나보기**
>
> 존이 이야기하는 홀푸드의 철학

기업 목적의 '어떻게'

· · · · · · · · · · · · ·

기업의 사명 선언문은 대부분 깊이가 없다. 그래서 많은 직원이 재
직 중인 기업의 목적에 냉소적이다. 책 첫머리에서 우리는 전 세계의

직장인들이 직장에서 얼마나 낙담하고, 동기를 부여 받지 못하며, 기업의 목적에 공감하지 못하는지를 보았다. 최근 갤럽 조사에 따르면 '회사가 옹호하는 가치와 우리 브랜드가 가진 경쟁사와의 차별점이 무엇인지 안다'라는 항목에 확실히 그렇다고 답한 직장인은 28%밖에 되지 않는다.[2] 응답자의 약 3분의 1만이 회사의 사명과 목적이 그들의 업무를 중요하게 만든다고 답했다. 왜 그럴까?

기업의 격차를 만드는 것은 '무엇을'이 아니라 '어떻게'다. 홀푸드의 존 매키와 달리, 리더 대부분은 기업의 사명 및 가치 선언문을 만드는 과정에 직원들을 참가시키는 번거로운 작업을 하지 않았다. 부차적인 목적 원천을 만들고 장려하는 일 또한 마찬가지다. 슌드론 토머스가 내게 말한 대로다.

———— 기업에 사명 선언문이 있다는 것이 구성원들이 그 사명을 공유한다는 것을 의미하지는 않습니다. … 정말로 필요한 것은 공동의 사명이에요. … 사명을 어떻게 만들지 뿐만 아니라, 어떻게 시간이 지나도 새롭고 설득력 있게 유지할지에 대해서도 실제로 조직 구성원들을 참여시켜서 함께 생각해 보아야 합니다.

이런 식으로 직원들을 참여시키는 묘책 같은 것은 없다. 하지만 어떤 조직이나 리더라도 직원들이 조직의 사명과 가치, 목적의 원천을 더욱 진실하게, 포괄적이게, 광범위하게 받아들이게 만들 수 있는 좀 더 효과적인 방법은 있다.

방법	실제 어떤 모습일까
조직을 포괄적으로 참여시켜라	조직의 암묵적인 사명과 비전을 알고 깊이 이해하게 한다. 동료들이 사명과 비전을 분명하게 가꾸어 나갈 수 있게 하는 프로젝트를 시작해도 좋다.
주기적으로 사명과 가치관을 재확인하라	5~10년마다, 또는 조직이 큰 변화를 맞이하는 시기마다 사명과 비전, 가치를 업데이트함으로써 언제나 사명과 가치관이 현재 조직 상황과 밀접하게 연결되도록 유지한다.
기업의 목적과 가치를 실천하는 사람들을 인정해 주어라	기업의 목적과 가치관을 실천하는 사람들을 의식적으로 강조하고 보상해 준다. 타운홀 미팅에서 언급하기, 특정 행동을 인정하는 상 만들어 수여하기, 우선적으로 더 빠르게 승진시키기 등의 방법이 있다.
하향식과 상향식 접근법을 모두 장려하라	리더는 조직의 목적과 가치관, 행동에 주인의식을 가지고 핵심 문화의 전달자 역할을 해야 한다. 한편으로는 이 주제에 관한 상향 피드백과 참여를 장려하는 환경을 마련하고, 리더가 아이디어에 수용적인 문화를 조성해야 한다.
유연성을 추구하라	조직의 목적은 상황에 따라 변화를 줄 수 있을 정도로 유연할 필요가 있다. 태풍 카트리나 이후의 월마트 또는 코로나19 팬데믹 때 마스크를 만든 코토팍시처럼.
조직의 모든 계층에 귀 기울여라	리더는 조직의 다양한 이해관계자들과 이야기를 나누고 진정한 피드백과 참여를 장려해야 한다.
일관적으로 소통하라	기업의 목적이 얼마나 강력한지는 소통 능력이 좌우한다. 새로운 목적을 찾아 실행하고, 자연스럽게 조직의 문화에 새겨질 수 있는 방법을 찾아야만 생명력이 생긴다.

첫째. 조직을 포괄적으로 참여시켜라

존은 최초의 상호의존 선언문을 전 직원 60명과 함께 작성한 덕분에 더욱더 훌륭하고 의미 있는 결과물을 얻을 수 있었다. 당연히 속도는 더 느렸을 것이다. 그냥 혼자 작성했더라면 하지 않아도 되었을 온갖 번거로운 절차와 대화를 거쳐야만 했을 테니까 말이다. 그러나 그 결과 모든 직원이 받아들일 수 있는 진실하고 포괄적인 가치 선언문이 나왔다. 많은 시간과 수고를 들인 가치가 있었다.

이것은 창업자들에게는 그리 어렵지 않은 과정일 수도 있다. 모든 창업자가 사명과 목적, 가치를 가지고 회사를 세우지만, 기업이 성장함에 따라 사명과 목적, 가치를 새롭게 하는 과정에 직원들을 참여시킬 수 있다. 창업자는 존 매키처럼 기업 규모가 작을 때 전 직원과 함께 기업의 목적을 아예 처음부터 같이 정의할 수도 있다. 워크숍을 개최해 모두가 이 주제에 대해 토론하는 방법도 있을 것이다. 규모가 더 큰 조직은 직원 인터뷰와 포커스 그룹을 활용해 다양한 피드백을 얻을 수 있다.

하지만 창업자가 아닌 리더도 많고, 백지상태로 목적을 새롭게 써나갈 수 있는 상황도 흔하지 않다. 그런 경우라면 일이 더 복잡하다. 조직에 분명하게 명시된 사명이나 가치관이 없거나, 있더라도 널리 옹호되고 있지 않기 때문이다. 그럴 때는 어떻게 해야 할까?

우선 (문서화 여부와 관계없이) 이미 조직에 명시적이거나 암묵적으로 존재하는 사명과 가치관을 이해할 필요가 있다. 조직의 역사 공부

235

하기, 구성원들 깊이 이해해 보기, 고객이나 공급업체의 이야기 들어 보기 등의 방법이 있을 것이다. 그다음에는 창업자의 마음가짐으로 기업의 사명과 가치를 결정하는 명시적인 이니셔티브를 시작해야 한다. 설문조사, 포커스 그룹, 워크숍 같은 도구를 이용해 확실하고 포괄적으로 진행한다.

어떤 지점에서 시작하든 직원들을 참여시켜 기업의 핵심 사명과 가치를 분명하게 밝히는 것이 선언의 성공과 신빙성에 매우 중요하다.

둘째. 주기적으로 사명과 가치관을 재확인하라

홀푸드는 왜 1988년, 1992년, 1997년, 2018년에 상호의존 선언을 업데이트했는가? 왜냐하면 기업은 시간이 지남에 따라 변화할 수밖에 없고, 직원들도 물갈이되기 마련이며, 비즈니스 환경 자체도 고정적이지 않기 때문이다. 당연히 기업의 사명과 가치관은 현재의 시점에 맞아야 하고, 지금 일하는 직원들이 의미와 애착을 느낄 수 있어야 한다.

하지만 미묘한 균형을 잘 잡아야 한다. 나는 직원들을 채찍질하는 기업들을 많이 봤다. 리더가 교체될 때마다, 혹은 기업 문화가 쇠할 때마다 필사적으로 활력을 주려고 사명과 가치관을 계속 손보는 것이다. 그러나 사명과 가치관을 너무 자주 고치면 직원들 사이에 무관심과 혼란을 초래한다. 어차피 CEO가 바뀌거나 다음 번 리더십 워크숍이 있을 때까지만 지속될 사명이라고 생각하면, 당연히 헌신도 약해지게 된다.

반대로 사명과 가치관을 절대로 손보지 않는다면 시대의 흐름에 뒤처질 수 있으며, 그동안 새로이 큰 비중을 차지하게 된 직원들의 공감을 얻기도 힘들다.

이런 업데이트의 시기와 방법을 정확하게 알려 주는 법칙은 없다. 다만 일반적으로 비교적 자주 고치지 말아야 하고(최대 5~10년), 가능하면 대규모 인수합병이나 새로운 시장 진출, 경영진 교체 같은 큰 변화와 맞물려야만 조직의 존재 이유를 근본적으로 고치는 일이 정당화될 수 있다. 조직의 가치 선언문을 업데이트하는 작업은 최초로 작성할 때와 비슷하다. 아예 처음부터 새로 쓰는 것이 아니라, 현재의 사명과 가치관을 기반으로 다듬는다는 점만 다르다.

셋째. 기업의 목적과 가치를 실천하는 사람들을 인정해 주어라

기업의 목적과 가치는 기업이 그것을 일상적으로 실천하는 사람들을 적극적으로 격려하고 존중하는 모습을 보이지 않는다면 없는 것만도 못하다. 크리스 카닐Chris Carneal은 2002년에 '재미있는 달리기' 같은 행사를 개최해 학생과 교사들을 위한 기금을 모아서 "학교와 학생들을 지원하는" 기업 부스터Booster를 설립했다. 오늘날 그 기업의 사명은 부분적으로 "세상을 바꾸는 덕망 있는 리더를 양성하는 것"이며, 그러기 위해 감사, 지혜, 관심, 용기, 투지, 축하의 여섯 가지 '덕목'에 의존하고 있다. (크리스는 좀 더 큰 포부를 담아 실행에 옮기도록, 2019년에 '가치values'라는 말을 '덕목virtues'으로 바꾸었다.) 그와 직원들은 매일 여섯 번째 덕목 '축하'를 실천에 옮김으로써 기업의 사명과 덕목의 중요성을 깊이 새기고 있다.

크리스는 말한다. "축하하면 그 일은 다시 일어나게 되어 있습니다. 그래서 우리는 회사의 덕목을 실천하는 팀원들을 축하해 줍니다." 축하는 무수히 많은 방법으로 이루어진다. 팀원들이 저녁 식사를 준비해 팀원의 훌륭한 성과를 알아주거나, 모두가 한자리에 모이는 즉석 회의를 열어 그 사람을 언급해 준다. 크리스가 소셜 미디어에 팀원들의 이야기를 올리기도 하고, 가끔 팀원의 배우자에게 그가 얼마나 대단한 사람이고, 회사가 그에게 얼만큼 감사하고 있는지를 전하는 편지를 쓰기도 한다. 이렇게 공개적인 격려에는 데이트를 즐기기 좋은 레스토랑 식사권 같은 선물이 함께 따라간다. 그리고 항상 전 직원에게 기업의 목적과 덕목을 다시 한번 강조하고, 매일 실천하도록 격려하는 데 초점이 맞춰진다.

당신의 회사는 회사의 목적과 사명, 가치관을 실천하는 사람들을 어떤 식으로 인정해 주며, 그렇지 않은 사람들을 어떤 식으로 바로잡는가? 부스터처럼 이 주제에 의도적으로 접근하는가, 아니면 알아차리지 못하고 넘어가는 사례가 많은가? 당신이 CEO이건, 선임 리더이건, 그냥 작은 팀을 이끌고 있건 다음을 참고할 수 있다.

- 기업 목적과 가치 구현이 인사고과에 큰 영향이 가도록 설정함으로써 지켜질 가능성을 높인다. 목표 실적이나 기능적 성과처럼 책임이 분명하게 명시되어야 한다.

- 기업 문화에 기여하는 사람에게 상을 주고 그들의 이야기를 널리 퍼뜨린다. 기업의 목적의식을 따르는 데 큰 희생이나 절충이 필요한 경우에는

더더욱 그래야 한다.

- 기업의 목적을 실천하는 사람을 보면 칭찬을 아끼지 말고 그때그때 적극적으로 동료들을 한자리에 모아 함께 축하한다. 그리고 나중에 따로 좀 더 실질적인 방법으로 축하해 준다.
- 기업의 이야기를 가치관과 일치시키는 방법을 찾는다. 기업의 역사 속에서 목적의식이 가장 분명했던 순간을 기념한다.

기업의 목적과 사명, 가치관은 실천되지 않고 직원들의 일상에서 더욱더 탄탄해지지 않는다면, 그저 웹사이트나 포스터, 지면에 적힌 단어에 지나지 않는다.

넷째. 하향식과 상향식 접근법을 모두 장려하라

앞 장에서 부차적인 목적의 원천이라는 개념을 자세하게 살펴보았다. 이것은 일상에서 직원들의 소속감과 목적의식을 제고하는 사내 단체나 이니셔티브를 말한다. 하지만 이런 이니셔티브는 기업의 사명 및 가치 선언문과 달리 자주 바뀔 수 있으며, 반드시 하향식이거나 조직적으로 널리 수용될 필요는 없다. 오히려 이것은 기업에 실험할 수 있는 길을 열어 주는 것이며, 슌드론 토머스의 조언대로 각자의 목적과 가치의 원천을 가진 사람들을 만나도록 돕는 것이다.

현실적으로 부차적인 목적 원천에는 하향식과 상향식 이니셔티브가 혼합되어 있다. 예를 들어 2020년에 많은 기업이 건강이나 인종 정의 문제에 대한 공동체의 대응에서 좀더 적극적인 역할을 하기로 리더십 차원에서 결정했다. 그 수단은 마스크 생산부터 보다 다양성을 추구한 채용 프로그램에 이르기까지, 구체적인 자선 및 직원 이니셔 티브였다. 이런 이니셔티브는 일방적이지 않은 경우가 많다. 다수 기업이 이니셔티브의 출범에 다양한 직원들을 참여시켰다. 하지만 기업 주도적이었다.

부차적인 목적 원천이 좀더 상향식인 사례도 있다. 이 경우에는 그들만의 독특한 방식으로 변화를 일으키기로 결심한 열정적인 직원 그룹이 일을 주도하고, 그 후에 조직 차원에서의 수용이나 장려가 따른다. 조직에는 지역 봉사활동과 문화 행사를 통해 공동체에 참여하는 사내 지역 운영 위원회가 있을 수도 있다. 여성 팀원들을 지원하거나 여성 직장인들의 포용을 위해 애쓰는 여성 단체가 있을 수도 있다. 아니면 좀더 사명과 목적 지향적인 조직을 만드는 방법을 생각해 보도록 모든 직원에게 장려하고, 주기적으로 기금을 모아 가장 좋은 아이디어를 실천할 수도 있다. 이처럼 상향식과 하향식 이니셔티브의 조합에서 더 효과적이고 다양한 아이디어가 나올 수 있다. 또한, 그런 아이디어가 봉사하고자 하는 이들에게 한층 널리 받아들여질 것이다.

다섯째. 유연성을 추구하라

월마트는 "사람들이 돈을 절약해 더 잘 살게 해준다."[3]라는 분명한 기업 목적을 가지고 있다. 회사는 소매업의 물류 시스템을 혁신하고, 공급망을 최적화하고, 더 크고 더 효율적인 매장을 짓고, 전 세계의 저렴한 지역에 입점함으로써 그 목적을 달성했다.

그러나 태풍 카트리나 이후 월마트의 목적은 하루아침에 바뀌었다. 수전 로즈그랜트^{Susan Rosegrant}와 더치 레너드^{Dutch Leonard} 교수의 기록에 따르면, 월마트는 당황한 정부 대신 발 빠르게 태풍 대응에 나섰다. FEMA(미국 연방재난관리청)는 월마트 계열사인 샘스 클럽^{Sam's Club} 주차장을 헬리콥터 이착륙장으로 사용하기 시작했다. 태풍 피해 지역 한가운데 들어선 월마트 매장들은 '첫 번째 대응자들'에게 손도끼부터 낚싯배, 식품까지 온갖 상품을 제공하여 인명 구조와 안정화 작업을 도왔다. 지역 병원들에 약이 부족해지자 월마트 매니저가 매장 내 약국에서 조달하기도 했다. 태풍 피해가 가장 큰 지역에 연방 공급망이 끊긴 때에는, 월마트의 세계적인 물류 시스템이 나서서 트럭 2,500대분의 구호 물품을 피해 지역으로 옮겼다. 월마트는 FEMA, DHS(미국 국토안보부), 지역 당국과 정보를 교환하면서 함께 일했다. '저가 선두주자'가 갑자기 세계에서 가장 효과적인 재해 대응 조직으로 변신했다. 그것은 월마트가 상상도 해본 적 없는 목적이었다.

다른 위기 때도 비슷한 변화를 겪은 기업들이 있었다. 와플 하우스^{Waffle House}는 태풍 카트리나 때 걸프 연안에서 월마트와 비슷한 역할을 한 것으로 유명하다. 그리고 아디다스, 비다, 코토팍시 같은 수많은 기업이 코로나19에 대응해 공장의 용도를 변경하고, 마스크를 만들어 공급했다.

이 기업들이 핵심 사명을 바꾼 것일까? 아니다. 그들이 보인 행동이 기업의 핵심 사명 및 가치와 일치하지 않는가? 아니다. 그저 기업과 공동체가 마주한 특정 상황에 그들의 역할이 필요해졌을 뿐이다. 조직과 리더는 상황에 따라 일시적으로라도 사명과 비전, 가치를 넓히는 유연성에 언제나 열려 있어야 한다. 그 유연성이 영구적인 결과를 가져오지 않는 경우라도 그렇다.

여섯째. 조직의 모든 계층에 귀 기울여라

마지막으로, 기업과 리더는 경청에 헌신해야만 한다. 슌드론 토머스는 노던 트러스트 애셋 매니지먼트의 CEO가 된 이후로, 일부러 시간을 내어 회사 복도를 걸어 다니고 동료들과 점심을 먹으면서 그들의 이야기를 듣는다. 이런 일은 조직의 모든 계층에서 가능하다. 중간 관리자가 직속 부하 직원들이 좀더 편하게 이야기할 수 있는 분위기를 만들어 주는 일부터 팀 회식과 타운홀 미팅까지 형태는 다양하다. 리더들이 직원들의 의견이나 걱정거리, 제안을 귀담아 들어주는 노력은 그 어떤 조직에나 유익하다.

그렇다고 모든 제안을 행동으로 옮겨야 할 의무는 없다. 기업은 대부분 민주주의가 아니고 민주주의로 운영될 수도 없다. 하지만 조직의 모든 계층에 서로 귀 기울이는 열린 태도와 겸손함이 있어야만, 구성원들이 기업의 사명과 가치를 진심으로 받아들이고 실천할 수 있다. 이것은 공식적이거나 비공식적인 방법으로 나타날 수 있다.

1. **설문조사**: 모든 조직은 정기적으로 '기업 건전성' 설문조사를 실시해 팀원들의 현재 생각이 어떤지 알아보고, 조직의 목적과 가치가 제대로 실천되도록 해야 한다. 정기적으로 시행하는 것은 물론, 새로운 이니셔티브를 시작할 때도 해야 한다.

2. **포커스 그룹**: 특히 기업의 목적을 업데이트하거나 재정립하는 과정에 있을 경우, 포커스 그룹을 통해 직원들을 직접 참여시켜 조직의 가치와 비전, 사명을 조사하는 것은 필수다. 훌륭한 아이디어를 찾고 시험할 수 있을 것이다.

3. **공식 타운홀 미팅 및 경청 시간**: 모든 조직과 팀은 사람들이 목소리를 내도록 격려해야 한다. 정기적인 타운홀 미팅과 임원들의 '경청 순회'는, 리더들이 평소에는 얻기 어려운 훌륭한 피드백을 드러낼 수 있다.

4. **비공식 참여**: 팀, 기업, 조직 등 사람들을 이끄는 리더라면 반드시 동료들과 시간을 보내면서 유대를 쌓고자 진정한 노력을 기울여야 한다. 회사 식당에서 모르는 사람들과 앉아라. 엘리베이터를 타고, 복도를 거닐어라. 여러 다양한 환경에서 사람들을 만나 대화를 나누면 진심 어린 관심이 전달되므로, 사람들도 자유롭게 의견을 낼 용기가 생긴다.

경청만큼 리더십에 중요한 기술은 많지 않다. 팀원들에게 목적 크래프팅을 장려하려면 우선 리더가 그들의 이야기에 귀 기울여야 한다. (직원들의 참여를 유도하는 자세한 방법은 다음 글 '기업 문화를 만드는 첫걸음'에서 만나보자.)

기업 문화를 만드는 첫걸음

역동적인 문화를 원하는 리더는 끊임없이 조직과 직원들에게 의미의 중요성을 깨닫게 해야 한다. 그렇게 하면 조직의 성과가 탁월해지고, 직원들의 업무 몰입과 성취감도 올라간다.

하지만 특히 규모가 큰 조직이라면 리더가 직원들과 일일이 깊은 교류를 하기가 쉽지 않다. 시작하는 데 도움이 될 몇 가지 방법을 소개한다.

1. **동료들을 기업의 사명과 비전, 가치관에 더 적극적으로 참여시키기 위하여 올해 할 수 있는 일 3~5가지는 무엇인가?** 타운홀 미팅, 내부 브랜딩 캠페인, 중요한 이정표를 나타내는 기념품 제작(티셔츠, 커피잔, 노트 등), 야유회 등으로 기업의 목적을 강조할 수 있다.

2. **올해 동료들의 이야기에 귀 기울이는 두 가지 방법은 뭐가 있을까?** 목표는 조직의 목적을 한층 깊이 이해하고, 사람들이 그것을 어떻게 실천하고 있는지 파악하는 것이다. 타운홀 미팅이나 포커스 그룹처럼 규모가 큰 행동을 떠올려 본다.

3. **이번 주에 경청을 통해 변화를 줄 수 있는 일을 하나 찾아보자.** 직원들과 점심 같이 먹기처럼, 여러 명이 함께하는 시간과 일대일 만남을 모두 고려한다.

4. **오늘 기업의 목적을 실천하는 팀원이 누구인가?** 어떻게 하면 그들을 부각시키고, 보상과 격려를 할 수 있는가? 전체 이메일에서 그들의 성과를 언급하거나 매달 기업 문화를 실천하는 사람들을 뽑아 상을 주는 간단한 방법이 있을 수 있다.

이런 행동이 전체적인 문화를 이루는 것은 아니지만 이제부터 인상적이고 의미 있는 비전과 사명, 가치관을 만들어 가고자 하는 이들에게는 훌륭한 촉매제가 될 수 있다.

일곱째. 일관적으로 소통하라

기업의 목적이 아무리 개념적으로 강력하더라도, 효과적인 소통 없이는 무용지물이다. 물론 소통 과정은 당신이 몸담은 조직의 특징에 따라 달라질 것이다. 예를 들어, GE의 CEO는 기업의 사명과 비전, 가치를 수만 명의 직원에게 장려하기 위해 인사팀과 홍보팀, 마케팅 임원이 필요할지도 모른다. 그런가 하면 작은 로펌의 책임 파트너는 타운홀 미팅, 직원 포상, 회사 웹사이트나 사무실의 공고 등을 활용할 수 있을 것이다. 하지만 다음처럼 일관적인 요소도 있다.

1. **단순함을 유지하라.** 비전, 사명, 가치관이 너무 복잡하면 아무도 기억하지 못할 것이다. 종이 한 장 분량이 가장 좋고, 보통 사람이 며칠만에 다 외울 수 있을 정도로 간결해야 한다.

2. **실행 가능하게 하라.** 회사의 목적을 실천에 옮기는 사람들을 위한 포상 제도를 도입한다. 타운홀 미팅에서 실제 본보기를 소개함으로써 목적을 행동으로 옮기는 일의 중요성을 모두에게 알린다.

3. **변화를 홍보하라.** 새로운 목적 이니셔티브를 진정성 있는 방법으로 홍보한다. 관련 문구가 적힌 티셔츠나 코팅 카드를 나눠 주거나, 컴퓨터의 배경 화면을 바꿔 변화하는 느낌을 준다. 또한 시간을 내어 모두에게 자세히 설명하고, 직원들이 기업 문화를 완전히 이해하고 공감할 수 있게 한다. 슬로건도 효과가 좋지만, 직원들이 제대로 이해하고 믿어야만 진정성을 가진다.

4. **기억에 남게 만들어라.** 기업의 목적은 일회성이어서는 안 된다. 모든 리더는 기업의 목적을 몸소 실천하고 다른 사람들도 그렇게 하도록 격려해야 한다. 인사고과나 고객 대상 프레젠테이션에도 포함시켜 시간이 지나도 가장 먼저 떠오르게 해야 한다.

이렇게 몇 가지 간단한 단계만으로 목적에 관한 소통이 제대로 이루어질 수 있다.

기업 목적의 부름

· · · · · · · · · · ·

기업의 성공을 위해 목적과 문화보다 중요한 것은 없을 것이다. 이것들은 조직의 가장 무너뜨리기 힘든 경쟁력이다(스콧 켈러Scott Keller와 콜린 프라이스Colin Price의 저서 《차이를 만드는 조직Beyond Performance》에서도 강조하는 바이다). 하지만 더 중요한 사실이 있다. 기업의 목적은 일하는 조직에서 더 큰 의미와 몰입을 성취하는 개인의 능력과 깊은 연관이 있다는 점이다. 직원들의 웰빙을 신경 쓰는 리더와 직장에서 성공하고 싶은 개인 모두에게, 기업의 목적보다 더 중요한 것은 없다.

이제는 행동으로 옮길 때

목적을 어떻게 가꾸어 나갈 것인가?

지금까지 일과 삶의 목적을 깊이 탐구하고, 잘못된 세 가지 고정관념에도 맞서 보았다. 그 고정관념, 목적은 찾는 것이고, 딱 하나뿐이며, 시간이 지나도 불변한다는 생각은 잘못되었다. 이제 우리는 목적이 삶의 모든 부분을 둘러보면서 캐내는 것이자 자신이 하는 모든 일을 통해 공들여 만들어 가는 것임을 알게 되었다. 우리는 삶에서 여러 다양한 목적의 원천을 발견할 수 있으며, 시간의 경과에 따른 변화도 받아들일 수 있다.

지금까지 (당신의 지지자들로 이루어진 팀이나 사랑하는 사람들과 함께) 이 책에서 한 많은 관찰과 성찰을 통해, 당신에게는 보다 의식적이고 목적으로 충만한 삶에 대한 통찰이 생겼을 것이다. 잡 크래프팅과 기술 숙련을 통해 일을 재인식함으로써, 직업에 참여하는 방식을 바꾸고 일을 봉사에 연결할 수 있다. 동시에 목적의 정신을 좀더 폭넓게 생각할 수도 있다. 자신이 속한 조직이나 공동체를 통하여 다른 사람들이 더 의미 있는 삶을 살도록 도와주는 것이다.

이 책의 목표는 당신이 삶과 삶의 의미에 대한 생각을 바꾸고, 목적이 나타나기만을 기다리는 데서 벗어나 직접 만들어 나가도록 격려하는 것이었다. 이 책 전반에 소개된 여러 연습법과 활동을 완료했다면, 지금쯤 깊은 성찰이 쌓였을 것이다. 목적의 개념이 분명해지고, 집과 직장, 공동체에서 더 많은 의미를 만들어 갈 현실적인 계획도 마련되었으리라.

대학원에 다닐 때 메리 올리버^{Mary Oliver}의 아름다운 시 〈여름날^{The Summer Day}〉을 읽었다. 그 시에 이런 구절이 나온다. "내게 말해 보라, 당신의 계획이 무엇인지/ 당신의 하나밖에 없는 이 거칠고 소중한 삶을 걸고/ 당신이 하려는 것이 무엇인지^{Tell me, what is it you plan to do/ With your one wild and precious life?}"[1] 당연히 그때 나와 젊은 학우들의 대답은 희망과 낙관주의, 이상주의 그리고 의미로 가득했다.

누구나 그렇게 시작하지 않는가? 실제로 우리는 우리의 삶이 거칠고 소중하며, 스티브 잡스의 말처럼 "우주에 작은 흔적을 낼" 기회가 있다고 생각한다.

그럼에도 경험은 우리를 의심하고 지치게 만든다. 우리의 낙관주의는 실망에 부닥치고, 이상주의는 세상의 냉정한 현실에 맞닥뜨린다. 우리의 희망과 비전은 직장 업무와 청구서, 온갖 의무로 가득한 현실의 늪에 빠져버린다. 매일 하루를 살아내느라 바빠 좀더 긴급하고 현실적인 일을 선택하고, 목적은 옆으로 제쳐 놓는다. 우리는 '영웅의 여정'이라는 덫에 꾀여 들어간다. 그리하여 온 우주가 알아서 눈앞에 삶의 의미를 떡 하니 가져다 놓는 기적 같은 사건을 기다리지만, 그런 일은 절대 일어나지 않는다.

그러나 우리는 스스로 영웅의 여정을 만들 수 있다. 우주에 작지만 큰 흔적을 하나, 아니 수천 개 남길 수 있다. 현재 상황이 어떻든 더 큰 삶의 의미를 만들 수 있다. 그 노력은 당신과 당신이 만나는 모든 사람에게 중요하다. 지금 당신은 어둠의 한가운데에 놓여 있을 수도 있고, 희망으로 가득할 수도 있다. 삶의 의미와 단단하게 연결된 기분일지도, 연결이 끊기거나 길을 잃은 느낌일지도 모른다. 정확히 어떤 상태에 있든 간에 부디 나도, 당신이 아는 모든 사람도 한 번쯤 비슷한 상황에 처해 본 경험이 있다는 사실을 기억하기 바란다. 우리에게는 자신의 감정과 상황을 다스리는, 생각보다 큰 힘이 있다는 것도.

의미와 목적을 다루는 것은 결코 쉽지 않은 일이다. 제대로 된 투자가 필요하다. 이곳저곳에 흩어진 어쩌다 한 시간씩이 아니라, 깊이 생각해 볼 수 있도록 큰 덩어리의 시간을 떼어 두어야 한다. 생각을 체계적으로 정리하고, 친구와 동료, 멘토에게 부탁해 그들의 관점도 참고해야 한다. 앞을 가로막고 있는 것들을 내려놓는 어려운 선택이 필요할 수도 있다.

하지만 나는 그 시간과 투쟁, 좌절에는 분명 가치가 있다고 진심으로 믿는다. 실제로 내가 겪었으며, 또 다른 수백만 명도 마찬가지였다. 단 한 번으로 그치지 말고, 삶의 여기저기 산재하는 변화무쌍한 의미의 원천을 탐구하는 과정을 반복해야 한다. 지금 당신의 머릿속을 차지하고 있는 일들보다 그게 훨씬 더 중요하다. 그러니 잠시 멈추고 시간을 내어 생각이 나아가게 해야 한다. 이 책을 읽고 생각에 잠기면서 이미 당신의 여정은 시작되었다. 앞으로 삶에 변화가 찾아올 때마다. 다시 이곳으로 돌아와 삶의 의미를 재충전하길 바란다.

영광스러운 (때로는 두려운) 진실은 인생이 딱 한 번뿐이라는 것이다. 거칠고 소중한 우리의 삶은 너무도 빨리 지나간다. 하지만 삶은 종종 당신의 생각보다 훨씬 더 중요하다. 일도 관계도 중요하다. 당신도 중요하다. 아직 모르고 있을 수도 있지만, 당신의 삶에는 목적이 있고 그 목적에는 세상을 크거나 작게 바꿀 힘이 있다. 의미는 눈에 보이지 않을 때도 분명 존재한다. 찾아서 붙잡고 공들여 다듬으면 된다.

그렇게 하겠는가? 진심으로 그러기를 바란다. 시작하기에 가장 좋은 날은 바로 오늘이다.

현재 삶 자가 진단: 나는 지금 어디에 있는가?

1. 삶의 목적이 확실하다고 느꼈던 적이 있는가?

2. 삶이 가장 의미 있게 느껴졌던 적은 언제이고, 그 이유는 무엇이었는가?

★ 의미 있게 느껴졌던 적 :

★ 그렇게 느꼈던 이유 :

3. 지금은 어떻게 느끼고 그 이유는 무엇인가?

★ 현재 삶의 느낌 :

★ 그렇게 느끼는 이유 :

4. 다음의 항목에서 각각 얼마나 많은 목적의식을 느끼며, 그 이유는 무엇인지 1~10 (숫자가 클수록 목적의식이 강함) 척도로 평가해 본다. ('8' 이하가 하나라도 있다면, 그 분야에 삶의 의미를 키울 기회가 들어 있다는 뜻이다.)

* 일		* 개인적인 인간관계	
* 일과 관련된 인간관계		* 타인에 대한 봉사	

5. 올해 큰 의미를 느끼게 한 일이 있었는가? 의미를 빼앗아 가버린 일은?

의미를 느끼게 한 일	
의미를 빼앗아 가버린 일	

6. 왜 이 책을 읽고 있는가? 이 책에서 무엇을 얻기를 바라는가?

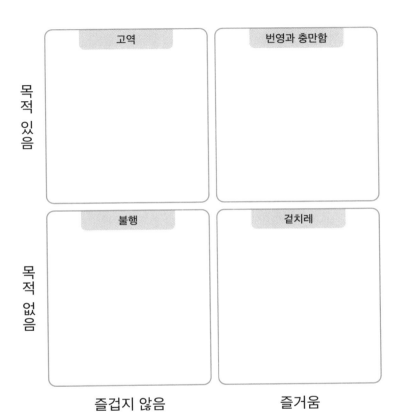

일과 삶의 균형 상태를 알려 주는 사분면 채우기

	고역	번영과 충만함
목적 있음		
목적 없음	불행	겉치레
	즐겁지 않음	즐거움

직장에서 '공들여 만들' 업무 기회 찾기

질문	답 3~5개
일상 업무에서 당신의 고객은 누구인가?	· · · · ·
고객들에게 무엇이 필요한가?	· · · · ·
어떻게 하면 동료들에게 긍정적인 영향을 줄 수 있을까?	· · · · ·
업무에 '공들여 만들' 기회가 있는가?	· · · · ·

••

목적의 원천 찾기: 사랑

가장 중요한 관계 5	돈독해지는 방법	이번 주에 할 일
	· · ·	· · ·
	· · ·	· · ·
	· · ·	· · ·
	· · ·	· · ·
	· · ·	· · ·

목적의 원천 찾기: 취미와 자기 계발

취미 / 자기 계발 활동	더 나아지기 위한 방법	주위에 함께할 사람

목적의 원천 찾기: 아름다움

아름다움을 느끼게 하는 것	아름다운 이유
1.	
2.	
3.	
4.	
5.	
이번 달에 아름다움을 찾아보기 위해 할 수 있는 일	

목적의 원천 찾기: 종교와 철학

나는 어떤 종교나 철학에서 영향을 받는가?	
그 종교나 철학에서 말하는 좋은 삶, 의미 있는 삶은 어떠한 삶인가?	
내가 하는 일에 이 관점을 적용할 방법	· · ·
내 인간관계에 이 관점을 적용할 방법	· · ·

목적의 원천 찾기: 봉사

내가 현재 하고 있는 봉사(공식적인 자원봉사 활동과 사소한 도움 활동 모두 포함)

-
-
-
-
-
-
-

(목록을 충분히 채운 경우) 어떻게 하면 나의 긍정적인 영향을 되새기고 더 자주 감사할 수 있을까?

-
-
-

(목록이 다소 짧은 경우) 이번 달에 실천할 수 있는 봉사 활동으로 무엇이 있을까?

-
-
-

앞으로 삶의 중요한 부분에 봉사를 계속 두기 위해서는 어떻게 해야 할까?

의미의 변화 포용·감지하기

내 삶에 영원한 의미를 주는 3~5가지는 무엇인가? 어떻게 하면 더 많은 관심을 쏟을 수 있을까?

목적을 주는 것	관심을 쏟는 방법
·	·
·	·
·	·
·	·
·	·

지금 과도기에 놓였는가? 그것은 어떤 성질의 변화인가? 새로운 의미를 발견할 기회가 엿보이는가?

삶의 어떤 부분에서 정체감이 느껴지는가? 그 이유는?

그 부분에서 새로운 의미를 캐내고 만들어 갈 방법이 있을까?

내려놓아야 할 것이 있는가? 어떻게 하면 목적을 느낄 수 있을까?

삶의 정체기 극복하기

내가 지금 가장 지루함을 느끼는 것은 무엇인가? 그 이유는?

가장 큰 흥분감과 도전 의식이 느껴지는 것은 무엇인가? 그 이유는?

위험을 무릅쓸 필요가 있는 삶의 영역이 있는가? 어떤 두려움이 도전을 막고 있으며 어떻게 하면 없앨 수 있을까?

내 삶에 변화가 필요한 부분이 있는가?

균형 일기 쓰기

활동	목적(1=낮음, 5=높음)	즐거움(1=낮음, 5=높음)
예) 아침에 아이들 준비시키기	예) 4. 아이들에 대한 애정을 확인하면서 하루를 시작하니 좋다	예) 3. 아침에 일찍 일어나야 하고 정신이 하나도 없다

내 업무 재구성 방법 구상하기

재구성 아이디어	현재 업무	주요 업무 성과

내 옆의 장인 찾기

질문	다섯 장인 분석
① 내 주변에서 맡은 일에서 비범한 능력을 보이는 사람 다섯 명은 누구인가?	1. 2. 3. 4. 5.
② 그들이 하는 일이 왜 그렇게 특별한가?	1. 2. 3. 4. 5.
③ 그 정도 경지에 이르려면 어떤 연습과 재능이 필요할까?	1. 2. 3. 4. 5.

목적바라기

④ 그들은 어떤 희생을 했는가?	1.
	2.
	3.
	4.
	5.
⑤ 내가 그들에게 배울 점은 무엇인가?	1.
	2.
	3.
	4.
	5.

구분	누구에게 봉사하는가?	어떻게 더 잘할 수 있을까?
고객		
동료		
공동체		
자본		
파트너		
사랑하는 사람들		

조직의 목표 탐색하기

조직의 사명	조직의 사명은 무엇인가? (사명 선언문이 없다면, 암묵적으로 공유되는 목적을 적는다.)
	조직의 사명이 내게도 의미가 있는가? 있다면 그 이유는 무엇인가?
	어떻게 하면 조직의 사명을 더 의미 있게 만들 수 있을까?
조직의 가치관	조직의 가치관은 무엇인가? (확립된 것이 없다면, 기업 문화를 정리해 적는다.)
	일상에서 조직의 가치관을 어떻게 실천하고 개선할 수 있을까?

부록: 나의 행복 찾기

	직장에서 어떤 부차적인 목적에 관여하고 있는가?
	이것만으로 충분한가, 아니면 다른 목적이 더 필요한가?
	직접 새로운 기회를 만들 생각인가? 그렇다면 아이디어를 적어 본다.
조직의 부차적인 목적	

* 1장 *

1 조너선 로스웰 & 스티브 크랩트리(Jonathan Rothwell & Steve Crabtree), 〈단순한 직업이 아니다: 미국 노동의 질에 대한 새로운 증거(Not Just a Job: New Evidence on the Quality of Work in the United States)〉, 갤럽(Gallup), https://www.luminafoundation.org/wp-content/uploads/2019/11/not-just-a-job-new-evidence-on-the-quality-of-work-in-the-united-states.pdf

2 파스 재단(Faas Foundation), 〈일터에 유의하라(Mind the Workplace)〉, https://www.mhanational.org/sites/default/files/Mind%20the%20Workplace%20-%20MHA%20Workplace%20Health%20Survey%202017%20FINAL.pdf

3 켄 로열(Ken Royal), 〈몰입도 높은 직원이 다르게 하는 일(What Engaged Employees Do Differently)〉, 갤럽(Gallup), 2019/09/14, https://www.gallup.com/workplace/266822/engaged-employees-differently.aspx

4 Ibid.

5 존 F. 헬리웰, 리처드 라야드, 제프리 삭스 외(John F. Helliwell, Richard Layard, and Jeffrey Sachs, eds.), 《세계 행복 보고서 2019(World Happiness Report 2019)》, 지속가능발전해법네트워크(Sustainable Development Solutions Network), 2019, 15-16.

6 《2019 미국 일반 사회 조사(2019 General Social Survey)》, 시카고 대학교 여론조사센터(NORC at the University of Chicago).

7 《2019 갤럽 글로벌 감정 보고서 Gallup (2019 Global Emotions Report)》, https://www.gallup.com/analytics/248906/gallup-global-emotions-report-2019.aspx

8 미국 오스테오페틱 의학협회(American Osteopathic Association), 〈조사에 의하면, 미국인의 거의 4분의 3(72%)이 외로움을 느끼고 있는 것으로 나타났다(Survey Finds Nearly Three Quarters(72%) of Americans Feel Lonely)〉, 《PR 뉴스와이어(PR Newswire)》, 2016/10/11, https://www.prnewswire.com/news-releases/survey-finds-nearly-three-quarters-72-of-americans-feel-lonely-300342742.html

9 아릭 젠킨스(Aric Jenkins), 〈연구에 따르면 미국인의 절반, 특히 젊은 사람들이 외로움을 느낀다(Study Finds That Half of Americans—Especially Young People—Feel Lonely)〉, 《포춘(Fortune)》, 2018/05/01, https://fortune.com/2018/05/01/americans-lonely-cigna-study

10 라이프웍스(LifeWorks), 〈외로움과 고립은 세계적인 문제다(Loneliness and Isolation Is a Global Problem)〉, 2019/01/31, https://www.lifeworks.com/blog/loneliness-and-isolation-is-a-global-problem

11 제이미 듀차메(Jamie Ducharme), 〈이것은 당신이 행복하기 위해 필요한 돈의 양이다, 연구에 의거하여(This Is the Amount of Money You Need to Be Happy, According to Research)〉, 《머니(Money)》, 2018/02/14, http://money.com/money/5157625/ideal-income-study

* 4장 *

1 《미국심리학회 심리학 사전(APA Dictionary of Psychology)》, 〈몰입(Flow)〉, https://dictionary.apa.org/flow

2 피터 심스(Peter Sims), 〈나침반 그룹: 빌 조지와의 대화(True North Groups: A Conversation with Bill George)〉, hbr.org, 2011/09/13, https://hbr.org/2011/09/true-north-groups

• 5장 •

1 스콧 스토셀(Scott Stossel), 〈무엇이 우리를 행복하게 하는지 재검토하다(What Makes Us Happy, Revisited)〉, 《더 애틀란틱(The Atlantic)》, 2013(5), https://www.theatlantic.com/magazine/archive/2013/05/thanks-mom/309287

2 하버드 헬스 퍼블리싱(Harvard Health Publishing), 〈튼튼한 인간관계의 건강상 이점(The Health Benefits of Strong Relationships)〉, 2019/08/06, https://www.health.harvard.edu/newsletter_article/the-health-benefits-of-strong-relationships

3 토미오카 키미코, 쿠루마타니 노리오, 호소이 히로시(Kimiko Tomioka, Norio Kurumatani, and Hiroshi Hosoi), 〈지역사회 거주노인의 취미생활과 삶의 목적과 사망, 일상생활활동, 도구적 일상생활과의 관계(Relationship of Having Hobbies and a Purpose in Life with Mortality, Activities of Daily Living, and Instrumental Activities of Daily Living Among Community-Dwelling Elderly Adults)〉, 《일본역학회지》 27(7), 2016, 361-370;

제이미 L. 커츠(Jaime L. Kurtz), 〈취미를 가져야 하는 여섯 가지 이유(Six Reasons to Get a Hobby)〉, 《사이콜로지 투데이(Psychology Today)》, 2015/09/15, https://www.psychologytoday.com/us/blog/happy-trails/201509/six-reasons-get-hobby

4 콘라드 해켓 & 데이비드 매클렌던(Conrad Hackett and David McClendon), 〈기독교인들은 여전히 세계 최대의 종교 집단으로 남아 있지만, 유럽에서는 감소하고 있다(Christians Remain World's Largest Religious Group, But They Are Declining in Europe)〉, 퓨 리서치 센터(Pew Research Center), 2017/04/05, https://www.pewresearch.org/fact-tank/2017/04/05/christians-remain-worlds-largest-religious-group-but-they-are-declining-in-europe

5 마사라 미카티(Massarah Mikati), 〈연구: 신과의 관계는 삶에 의미를 부여한다(Study: Relationship with God gives life meaning)〉, 《데저트 뉴스(Deseret News)》, 2015/06/06, https://www.tmnews.com/story/lifestyle/faith/2015/07/06/study-relationship-with-god-gives-life-meaning/47112471

6 로스 포메로이(Ross Pomeroy), 〈무신론자들은 어디에서 삶의 의미를 얻을 수 있을까?(Where Do Atheists Get Meaning in Life?)〉, 리얼클리어사이언스(RealClearScience), 2018/02/01, https://www.realclearscience.com/quick_and_clear_science/2018/02/01/where_do_atheists_get_meaning_in_life.html

7 벤 실러(Ben Schiller), 〈봉사는 당신을 더 행복하게 한다(Volunteering Makes You Happier)〉, 《패스트 컴퍼니(Fast Company)》, 2013/09/03, https://www.fastcompany.com/3016549/volunteering-makes-you-happier

8 힐러리 영(Hillary Young), 〈봉사가 당신의 건강에 매우 좋은 까닭(Why Volunteering Is So Good for Your Health)〉, 《허프포스트(HuffPost)》, 2013/11/01, https://www.huffpost.com/entry/benefits-of-volunteering_b_4151540

• 6장 •

1 제니퍼 와너(Jennifer Warner), 〈위험 감수자들은 더 행복한가?(Are Risk Takers Happier?)〉, WebMd, 2005/09/19, https://www.webmd.com/balance/news/20050919/are-risk-takers-happier

• 7장 •

1 저스틴 M. 베르그, 제인 E. 더튼, 에이미 프제스니에프스키(Justin M. Berg, Jane E. Dutton, and Amy Wrzesniewski), 〈잡 크래프팅은 무엇이고 왜 중요한가?(What Is Job Crafting and Why Does It Matter?)〉, 미시간 대학교 로스경영대학원(Ross School of Business), http://positiveorgs.bus. umich.edu/wp-content/uploads/What-is-Job-Crafting-and-Why-Does-it-Matter1.pdf

2 에이미 프제스니에프스키, 저스틴 M. 베르그, 제인 E. 더튼(Amy Wrzesniewski, Justin M. Berg, and Jane E. Dutton), 〈자기 관리하기: 현재 하고 있는 일을 원하는 일로 바꾸어라(Managing Yourself: Turn the Job You Have into the Job You Want)〉, 《하버드 비즈니스 리뷰(Harvard Business Review)》, 2010/06, https://hbr.org/2010/06/managing-yourself-turn-the-job-you-have-into-the-job-you-want

1 〈연구: 받는 것이 아닌 주는 것이 지속적인 행복으로 이어진다(Giving, Rather Than Receiving, Leads to Lasting Happiness: Study)〉, 《허프포스트캐나다(HuffPost Canada)》, 2018/12/20, https://www.huffingtonpost.ca/2018/12/20/giving-creates-happiness_a_23623679

2 〈봉사 활동의 건강상 이점(The Health Benefits of Volunteering)〉, 미국 국가 및 지역사회 봉사단(Corporation for National and Community Service), 2007, http://www.nationalservice.gov/pdf/07_0506_hbr.pdf

3 실비아 앤 휴렛(Sylvia Ann Hewlett), 〈선행은 수명을 연장할 수 있다(Good Works Can Lengthen Your Life Expectancy)〉, hbr.org, 2009/02/12, https://hbr.org/2009/02/good-works-can-lengthen-your-l

4 엠마 세팔라 & 킴 카메론(Emma Seppälä and Kim Cameron), 〈선행 문화가 더 생산적이라는 증거(Proof That Positive Work Cultures Are More Productive)〉, hbr.org, 2015/12/01, https://hbr.org/2015/12/proof-that-positive-work-cultures-are-more-productive

5 맥킨지앤컴퍼니 글로벌 성장 큐브(McKinsey & Company Global Growth Cube), 2020.

1 앤드루 스탭토 외(Andrew Steptoe et al.), 〈중년 남성과 여성의 외로움과 신경 내분비, 심혈관 및 염증성 스트레스 반응(Loneliness, and Neuroendocrine, Cardiovascular, and Inflammatory Stress Responses in Middle-Aged Men and Women)〉, 《정신신경내분비학회지(Psychoneuroendocrinology)》 29(5), 2004, 593-611;

데브라 엄버슨 & 제니퍼 카라스 몬테즈(Debra Umberson and Jennifer Karas Montez), 〈사회적 관계와 건강: 보건 정책의 화약고(Social Relationships and Health: A Flashpoint for Health Policy)〉, 《건강사회행동학회지(Journal of Health and Social Behavior)》 52, 2010, S54-S66.

2 얀 웨스트(Jan West), 〈직장에서의 직업 만족도와 우정에 관한 진실(The Truth About Job Satisfaction and Friendships at Work)〉, 국립사업연구조사협회(National Business Research Institute), https://www.nbrii.com/employee-survey-white-papers/the-truth-about-job-satisfaction-and-friendships-at-work

3 미셸 헬레부익(Michele Hellebuyck), 〈직장에서의 긍정적 관계(Positive Relationships in the Workplace)〉, 멘탈 헬스 아메리카(Mental Health America), https://mhanational.org/blog/positive-relationships-workplace

4 올리베 나자린 대학교(Olivet Nazarene University), 〈2019년 전문 멘토-멘티 관계 탐구 연구(Study Explores Professional Mentor-Mentee

Relationships in 2019)〉, https://online.olivet.
edu/research-statistics-on-professional-
mentors

5 유스 멘토(Youth Mentor), https://www.
youthmentor.org/thestats

6 브랜드맨 대학교(Brandman University), 〈직
장 멘토링의 상호 이익 탐색(Exploring the Mutual
Benefits of Mentoring in the Workplace)〉,
2020/03/22, https://www.brandman.edu/
news-and-events/blog/benefits-of-
mentoring-in-the-workplace

7 W.브래드 존슨, 데이비드 G. 스미스, 제니퍼
헤이손스웨이트(W. Brad Johnson, David G. Smith,
and Jennifer Haythornthwaite), 〈당신의 멘토십
프로그램이 잘되지 않는 이유(Why Your
Mentorship Program Isn't Working)〉, hbr.org,
2020/07/17, https://hbr.org/2020/07/why-
your-mentorship-program-isnt-working

8 마리아 코니코바(Maria Konnikova), 〈우정의
한계(The Limits of Friendship)〉, 《뉴요커(New
Yorker)》, 2014/10/07, https://www.
newyorker.com/science/maria-konnikova/
social-media-affect-math-dunbar-number-
friendships

9 마일스 휴스톤(Miles Hewstone), 〈경계를 넘
어: '우리와 같지 않은' 친구 사귀기의 이점
(Crossing Divides: The Benefits of Having Friends
Who Aren't 'Just Like Us')〉 BBC 뉴스,
2018/04/22, https://www.bbc.com/news/uk-
43784802

10 코트니 화이트헤드(Kourtney Whitehead), 〈왜
다양한 우정을 쌓는 것이 당신의 경력을 향상시킬
수 있는가?(Why Building Diverse Friendships
Can Improve Your Career)〉, 《포브스(Forbes)》,
2019/06/27, https://www.forbes.com/sites/
kourtneywhitehead/2019/06/27/why-
building-diverse-friendships-improves-
your-career/#4f69896a6d21

* 11장 *

1 맥킨지앤컴퍼니(McKinsey & Company),
https://www.mckinsey.com/about-us/
overview/our-purpose-mission-and-values#

2 그레첸 모겐슨(Gretchen Morgenson), 〈거대
컨설팅 회사 맥킨지가 오피오이드 위기를 초래했
다. 이제 제휴사는 중독자들을 치료함으로써 이득
을 얻을 수 있다(Consulting Giant McKinsey
Allegedly Fed the Opioid Crisis. Now an Affiliate
May Profit from Treating Addicts)〉, NBC 뉴스,
2021/02/08, https://www.nbcnews.com/
news/us-news/consulting-giant-mckinsey-
allegedly-fed-opioid-crisis-now-affiliate-
may-n1256969

* 12장 *

1 홀푸드마켓(Whole Foods Market), https://
www.wholefoodsmarket.com/mission-
values/core-values

2 네이트 드보락 & 브라이언 오트(Nate Dvorak
and Bryan Ott), 〈기업의 목적은 말뿐만이 아니다
(A Company's Purpose Has to Be a Lot More Than
Words)〉, 갤럽(Gallup), 2015/07/28, https://
www.gallup.com/workplace/236573/
company-purpose-lot-words.aspx

3 월마트(Walmart), https://cdn.corporate.
walmart.com/33/df/a80e565641f5ad6b1c2
437fc4129/walmart-key-messages.pdf

* 마치며 *

1 원서인 《HBR Guide to Crafting Your
Purpose》, 210p에 원문이 인용되었고, 옮긴이
정지현이 직접 번역했다.